Inhalt

Benutzerhinweise

Der Text dieses Bandes entspricht – mit Ausnahme der Originalzitate – der neuen Rechtschreibung.

Hier findest du besonders wichtige Grundregeln und Erklärungen zum Lernen.

Hier findest du Definitionen, Merksätze und wichtige Einzelhinweise.

Diese Übung kannst du direkt im Buch machen.

Diese Übung schreibst du am besten in ein Extra-Heft oder auf einen Block.

Hier findest du ein Gespräch vor. Meist unterhalten sich unsere zwei Freunde Max und Aylin, die dich durch dieses Buch begleiten.

Liebe Schülerin, lieber Schüler!

Grammatik – ein Buch mit sieben Siegeln?

Die Grammatik ist das Rückgrat jeder Sprache. Und wie im menschlichen Skelett alle Knochen und alle Gelenke eine Funktion haben, aufeinander abgestimmt und eingespielt sind, so funktioniert auch das grammatische „Skelett" unserer Sprache.

Grammatik macht übrigens immer mehr Spaß, je besser man sie beherrscht und mit ihr umgehen kann.

Sie ist auch sehr nützlich für den Fremdsprachenunterricht, denn wer die Grammatik seiner Muttersprache beherrscht, lernt eine fremde Sprache leichter.

Wir haben in diesem Buch versucht, dir die Zusammenhänge und Funktionen der deutschen Grammatik (*Sprachlehre* sagen manche) an Beispielen anschaulich und verständlich zu machen.

Wie das Buch aufgebaut ist …

Am Anfang findest du das **Inhaltsverzeichnis,** in dem die behandelten grammatischen Themen in der Übersicht dargestellt werden. Die einzelnen Kapitel sind so aufgebaut, dass du die grammatischen Sachverhalte durch zahlreiche **Übungen** selbst erarbeiten bzw. festigen kannst.

Nach Textteil und Lerntipps findest du das Kapitel **Grammatische Begriffe,** in dem die wichtigsten Fachbegriffe thematisch geordnet dargestellt werden (*Wortarten, Satzglieder, Satzarten …*).

Im **Stichwortverzeichnis** findest du alle wichtigen Begriffe mit Seitenangaben zu diesem Buch.

Im letzten Teil des Buches findest du die **Lösungen** zu allen Übungen.

Wer mit den lateinischen **Grammatikbegriffen** noch nicht so sicher umgehen kann, findet im Text und im Kapitel **Grammatische Begriffe** auch die deutschen Begriffe genannt.

Wie du mit dem Buch arbeiten kannst …

- Du kannst dir anhand des **Inhaltsverzeichnisses** die grammatischen Probleme heraussuchen, die dir unklar sind. Das betreffende Kapitel solltest du ganz durcharbeiten, systematisch von Anfang bis Ende; ebenso alle dazugehörenden **Übungen,** deren Lösungen du anschließend im **Lösungsteil** überprüfen kannst. Die einen **Übungen** kannst du im Buch lösen, für die anderen solltest du dir ein Übungsheft zulegen.

- Du kannst dir auch anhand des **Stichwortverzeichnisses** die grammatischen Probleme heraussuchen, mit denen du dich befassen möchtest, und dann das entsprechende Kapitel mit allen Übungen ganz durcharbeiten.

- Natürlich kannst du auch das Buch von vorn bis hinten nacheinander durcharbeiten, jeden Tag ein kleines Unterkapitel.

- Wenn du an einer Stelle auf grammatische Begriffe stößt, die dir nicht (mehr) ganz geläufig sind, so kannst du im Kapitel **Grammatische Begriffe** nachschauen.

- Du kannst dir auch zunächst das Kapitel **Grammatische Begriffe** vornehmen, denn dort werden im Wesentlichen die grammatischen Themen wiederholt, die oft in den 5. und 6. Klassen behandelt worden sind: **Wortarten, Satzglieder** und **Satzarten.**

Und du kannst auch mit deinem Freund/deiner Freundin zusammenarbeiten so wie Max und Aylin in unserem Buch.

Also, nun bist du dran! Viel Spaß und guten Erfolg!

Volker Allmann
Juliane Martinsen
Michael Schlemminger-Fichtler
und der mentor Verlag

Ich bin Max. Ich mag Musik, Sport und Mathematik. In Sprachen bin ich schwach, die Grammatik nervt mich. Aber ohne Grammatik geht's nicht, sagt Aylin. Aylin, das ist meine Freundin.

Ich heiße Aylin. Mein Freund ist Max. Ich mag ihn sehr und wir wandern, schwimmen und musizieren gemeinsam. Und manchmal hilft er mir bei Mathe. In Mathe ist er nämlich ganz groß.

Zusammengesetzte Sätze: Satzreihe und Satzgefüge

1. Gliedsatz und Hauptsatz

| *Beispiel*

Das Kind möchte spielen gehen. Es weint. Es hat schon einen ganz roten Kopf.

Hier siehst du drei einfache Hauptsätze. In diesem Kapitel lernst du, wie du solche Hauptsätze sinnvoll miteinander oder mit Gliedsätzen verbinden kannst und was du dabei beachten musst. Das eröffnet dir neue Möglichkeiten im sprachlichen Ausdruck. Auch lernst du, wie du mit Gliedsätzen bestimmte Umstände ausdrücken kannst, z. B. wo, wann oder wie etwas geschieht. Häufig möchte oder muss man auch zu Personen oder Gegenständen, von denen man spricht oder schreibt, kurze Ergänzungen liefern. Auch hierzu lernst du, wie dies mit bestimmten Gliedsätzen geschehen kann. Zum Schluss des Kapitels erfährst du, wie man Gliedsätze umformen kann und welchen Nutzen man davon hat.

Grammatik, Grammatik … Ja, ohne Grammatik geht's wirklich nicht. Sogar ein kleines Komma kann schon sehr fehlen! Das merkt auch Max, als er am Montag in der fünften Schulstunde ein „Briefchen" von Aylin erhält.

| *Text*

An Max!
Komm heute Nachmittag nicht morgen!
Aylin

Max wird daraus nicht schlau. Hätte Aylin bloß ein Komma vor oder nach dem *nicht* gesetzt, dann wüsste er, wann er kommen soll: heute Nachmittag oder morgen … Max grinst. Er merkt plötzlich, dass der Grammatikunterricht doch nicht so weit weg ist von seinem Leben, wie er früher oft glaubte.

Am Nachmittag …

Aylin versucht noch einmal im Schnellverfahren, Max die Zeichensetzung zu erklären, indem sie ihm erläutert, welche Gliedsätze es gibt. Nach einer Stunde protestiert Max. Er hat das Gefühl, noch weniger zu verstehen als vorher. Aylin tröstet ihn:

Nicht verzagen, mentor fragen. Das wird uns weiterhelfen, Max.

Beide versuchen es jetzt noch einmal: Max fragt, Aylin erklärt mithilfe des Buches.

Der Gliedsatz

Max (M) fragt Aylin (A), wie man einen Gliedsatz, also Nebensatz, erkennt. Aylin foppt Max und antwortet fast nur in Gliedsätzen.

M: *Also, du bist doch immer so schlau, was sind denn nun deine Gliedsätze?*

A: *Pass auf! ... weil du nie richtig aufpasst!*

M: *? ? ?*

A: *Als wir das gelernt haben …*

M: *Sprich mal richtig deutsch mit mir!*

A: *(lacht) Wenn man mitmacht …*

M: *Ja, Mensch, was ist denn dann?*

A: *Siehst du, bald hast du's gerafft!*

M: *Ich krieg 'ne Krise!*

A: *… dass ich etwas von dir bekomme.*

M: *Hör doch auf, du redest so komisch! Ich kann dich nicht verstehen!*

A: *Cool, Max, du hast eben eine wichtige Eigenschaft von Gliedsätzen begriffen. Das ist die erste Regel, die du dir merken musst!*

Ein Gliedsatz gibt allein keinen Sinn.

Aylin schreibt Max die Gliedsätze noch einmal auf:

Beispiele

… (weil) du nie richtig (aufpasst)!

(Als) wir das (gelernt haben) …

(Wenn) man (mitmacht) …

… (dass) ich etwas von dir (bekomme).

Sie umringelt das erste und das letzte Wort.

A: *Na, Max, fällt dir was auf?*
M: *Klar, so blöd bin ich nun auch nicht: Am Ende steht ein Verb. Am Anfang …*
das haben wir bestimmt noch nicht gehabt.
A: *Okay, Max, deine erste Erkenntnis musst du dir als zweite Regel merken.*
Auf das andere kommen wir später zurück.

Am Ende des Gliedsatzes steht immer das konjugierte (= gebeugte) Verb.

Was hat der Gliedsatz mit dem Satzglied zu tun?

Schon das Wort **Gliedsatz** bringt dir sicher die Umkehrung **Satzglied** in Erinnerung.

Zur Auffrischung:

Satzglieder sind Bestandteile, in die sich ein Satz aufgliedern lässt; sie sind Bausteine des Satzes.

Im Einzelnen:

das Subjekt (Satzgegenstand), das Prädikat (Satzaussage), verschiedene Objekte (Ergänzungen), verschiedene adverbiale Bestimmungen (Umstandsbestimmungen) sowie Attribute (Beifügungen).

Beides hängt eng zusammen:

Ein **Gliedsatz** ist ein **entfaltetes Satzglied**. Man kann auch sagen: ein **umgeformtes Satzglied**.

So wie das Satzglied ohne den übrigen Satzzusammenhang sinnlos wird, so ergibt auch ein einzelner Gliedsatz keinen Sinn.

Die Frage, die man stellt, um ein Satzglied zu bestimmen, gilt auch für den daraus entfalteten Gliedsatz.

Die folgenden Beispiele zeigen dies:

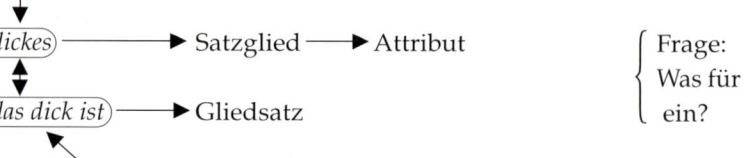

1. Beispiel | *Er hat ein (dickes) Fell.*

(dickes) ──────► Satzglied ──────► Attribut
↕
(das dick ist) ──────► Gliedsatz

Frage:
Was für
ein?

Er hat ein Fell, (das dick ist).

2. Beispiel | *Ich treffe ihn (in zwei Tagen).*

(in zwei Tagen) ──────► Satzglied ──────► Adverbiale Bestimmung (Adv. Best.)
↕
(wenn zwei Tage vergangen sind) ──► Gliedsatz

Frage:
Wann?

Ich treffe ihn, (wenn zwei Tage vergangen sind).

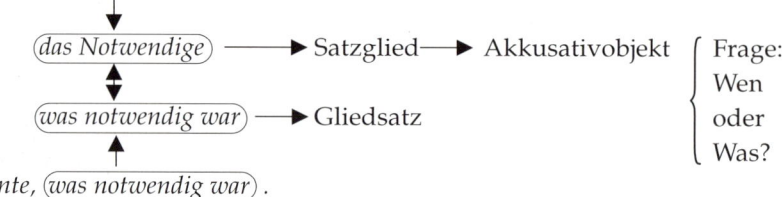

3. Beispiel | *Sie lernte (das Notwendige).*

(das Notwendige) ──────► Satzglied ──────► Akkusativobjekt
↕
(was notwendig war) ──────► Gliedsatz

Frage:
Wen
oder
Was?

Sie lernte, (was notwendig war).

Die Gliedsätze heißen:

1. ..., das dick ist.
2. ..., wenn zwei Tage vergangen sind.
3. ..., was notwendig war.

Jeder Gliedsatz ergibt allein keinen Sinn. Er braucht immer einen Hauptsatz, um sinnvoll zu werden.

Der Hauptsatz

Was ist ein Hauptsatz, was gehört mindestens dazu?

Ein Hauptsatz hat einen festen Aufbau und ergibt, egal wie kurz er ist, immer einen Sinn.

Beispiel |

Das Kind   *weint*

Wer?   Was tut es? (Wie verhält es sich, was wird von ihm ausgesagt?)

Subjekt + Prädikat

Jeder Hauptsatz muss ein Subjekt und ein Prädikat haben.

Alle anderen Satzglieder sind **Erweiterungen** (E), die du gegebenenfalls auch weglassen kannst, ohne dass der Satz grammatisch unvollständig und damit unverständlich wird. Der Beispielsatz auf der Seite vorher kann so erweitert werden:

Beispiel

a) *Das Kind weint*   *im Bett*   *lange*   *über seinen Hund.*

               E 1   E 2   E 3

           (Adverbiale   (Adv. Best.)   (Präpositional-
           Bestimmung =   objekt)
           Adv. Best.)

Zur Auffrischung

Ein **Präpositionalobjekt** ist eine Satzergänzung, die mit einer **Präposition** (= Verhältniswort) eingeleitet wird. Präpositionen sind z. B. *über, mit, zu, für*. Die Hilfsfrage, mit der du das Präpositionalobjekt erkennen kannst, bildest du mit der Präposition. Beispiel: *Über was (weint das Kind)?, Mit wem?, Zu wem?, Für wen?* etc.

Die Erweiterung kann auch so aussehen:

Beispiel

b) *Die*   *Tochter*   *weint*

    nette   *des Nachbarn,*   *eine gute Schülerin,*   *in ihrem Zimmer.*

     E 1   E 2   E 3   E 4

  (Attribut)   (Attribut)   (Apposition)   (Adverbiale
                                         Bestimmung)

Zur Auffrischung

Ein **Attribut** ist eine Beifügung zu einem Substantiv (= Hauptwort) oder Pronomen (= Fürwort) und liefert nähere Informationen. Es ist kein eigenständiges Satzglied, sondern Teil eines Subjektes (vergleiche dazu den Beispielsatz), eines Objektes oder auch einer adverbialen Bestimmung.

Eine besondere Form des Attributs ist die **Apposition**. Sie ist meist nachgestellt. Sie besteht immer aus (mindestens) einem Substantiv, im Beispielsatz: *Schülerin*. Die Apposition richtet sich im Kasus in der Regel nach dem Bezugswort, im Beispielsatz: *Tochter*.

Die Sätze a und b zeigen, dass die Anzahl der Erweiterungen beliebig ist, dass sie aber alle weggelassen werden können, ohne dass die Hauptsätze *Das Kind weint* bzw. *Die Tochter weint* unverständlich werden.

2. Satzreihe und Satzgefüge

Zwei **Hauptsätze** kannst du verbinden, sodass **ein Satz** daraus wird. Die Hauptsätze können kurz sein:

Beispiel

Das Flugzeug fliegt.	*Tom wartet.*
Hauptsatz 1	Hauptsatz 2

Die Hauptsätze können auch lang sein:

Beispiel

Das schnelle Flugzeug der Lufthansa fliegt ruhig über den Atlantik.

Hauptsatz 1

der ungeduldige Tom wartet sehnsüchtig auf seine Freundin Marion.

Hauptsatz 2

Du kannst auch mehr als zwei Hauptsätze in der Form verbinden.

Zwei oder **mehr Hauptsätze** zusammen bilden eine **Satzreihe**, wenn sie nicht durch einen Punkt getrennt sind.

Übung A1

Welche Hauptsätze würdest du zu einer Satzreihe zusammenfügen, welche nicht?

Begründe deine Meinung!

a) Die Sonne scheint. Aylin schwingt sich auf ihr Fahrrad.
b) Der Himmel bewölkt sich. Im Fernsehen läuft gerade eine Talkshow.

Nun kann man aus **Satzgliedern des Hauptsatzes**, wie du vorhin (vgl. S. 9 f.) gesehen hast, **Gliedsätze** machen.

Zum Beispiel so:

Beispiele

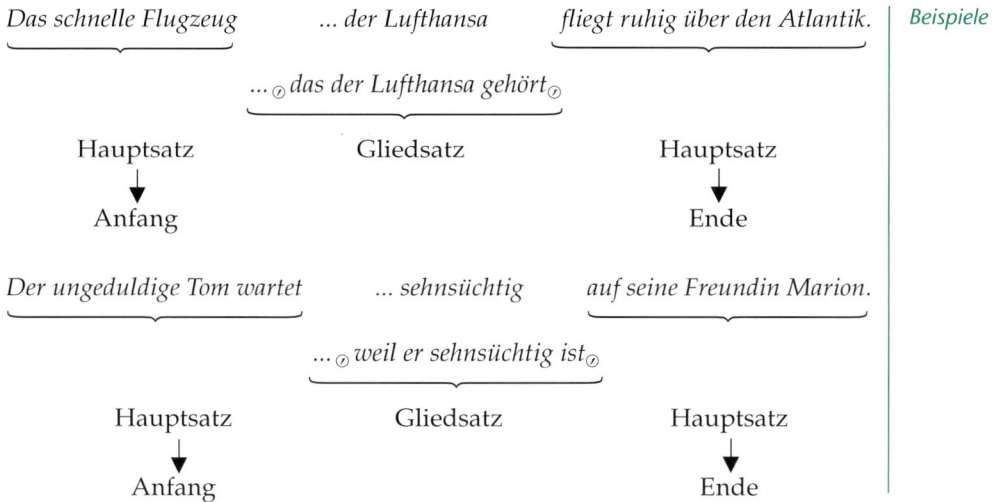

Das schnelle Flugzeug   *... der Lufthansa*   *fliegt ruhig über den Atlantik.*

...⊘ das der Lufthansa gehört⊘

Hauptsatz   Gliedsatz   Hauptsatz

↓   ↓

Anfang   Ende

Der ungeduldige Tom wartet   *... sehnsüchtig*   *auf seine Freundin Marion.*

...⊘ weil er sehnsüchtig ist⊘

Hauptsatz   Gliedsatz   Hauptsatz

↓   ↓

Anfang   Ende

Ein **Hauptsatz** und ein **Gliedsatz** bilden das **Satzgefüge**.
Der Gliedsatz wird in der Regel vom Hauptsatz durch **Komma** abgetrennt.

Bei der Anwendung dieser Regel spielt es keine Rolle, **wo** der Gliedsatz steht:

Beispiele

Weil er hungrig ist⊘ miaut der wilde Kater unter dem Fenster.

Gliedsatz am Anfang

Der wilde Kater miaut unter dem Fenster⊘ weil er hungrig ist.

Gliedsatz am Ende

Der wilde Kater miaut⊘ weil er hungrig ist⊘ unter dem Fenster.

Gliedsatz in der Mitte

Satzreihe, Satzgefüge und Konjunktionen

M: *Aylin, du wolltest mir noch sagen, was am Anfang deiner Gliedsätze steht.*
A: *Am Anfang dieser Gliedsätze steht eine Konjunktion.*

Kennzeichen der meisten **Gliedsätze** ist ein Einleitewort, oft eine **Konjunktion**, auch Bindewort genannt. Einen solchen Gliedsatz nennt man daher **Konjunktionalsatz**.

Wir werden später sehen (vgl. A 3, Der Relativsatz, S. 23 ff.), dass es auch andere Einleitewörter gibt.

Aylin *Man setzt die Konjunktion ein, die zum Inhalt des Satzes passt. Guck mal hier, Max! Du könntest sagen:*

Das Kind weint.

Diesen Satz kannst du natürlich fortsetzen. Du wählst die Konjunktion, die logisch zum Gliedsatz passt.

Beispiele *Das Kind weint, ...*

modal (Art und Weise)	**temporal (Zeit)**
als ob	*seit*
es nicht aufhören könnte.	*sein Freund weggelaufen ist.*
Frage: Wie?	Frage: Seit wann?, Wann?
kausal (Grund)	**final (Ziel und Zweck)**
weil	*damit/dass*
es jetzt allein ist.	*man Mitleid mit ihm hat.*
Frage: Warum?	Frage: Wozu?
konsekutiv (Folge)	**konditional (Bedingung)**
sodass	*wenn*
die Geschwister es trösten.	*keiner es trösten kommt.*
Frage: Mit welcher Folge?	Frage: Unter welcher Bedingung?

Man wählt die Konjunktion, die am sinnvollsten das inhaltliche Verhältnis eines Haupt- und eines Gliedsatzes ausdrückt.

Die am häufigsten verwendete **Konjunktion** ist *dass*. Sie wird oft inhaltsneutral benutzt, was sie von den anderen Konjunktionen unterscheidet. „Inhaltsneutral" bedeutet, dass nichts über das inhaltliche Verhältnis des Haupt- und des Gliedsatzes ausgesagt wird. Die Beziehung ist also nicht modal, temporal usw.

Beispiele *Er sagte, dass ...*
Sie vermutete, dass ...

Frage: Was (sagte er, vermutete sie)?

Zu den Konjunktionen im **Satzgefüge** einige Übungssätze:

Setze die passenden Konjunktionen in die Lücken!

Übung
A 2

a) Anna ist sauer, _____ sie eine Menge Arbeit hat.

b) Er spielt so gut, _____ alle begeistert waren.

c) Ich komme morgen, _____ es dir passt.

d) _____ sie es geahnt hätten, kamen sie früher.

e) Sie üben ihr Stück, _____ die Aufführungen gelingen.

f) Er fährt heute Skateboard, _____ es nicht regnet.

Die Satzreihen, die du bisher kennen gelernt hast, stehen ohne Konjunktionen. Aber nicht nur Satzgefüge, sondern auch **Satzreihen** können mit **Konjunktionen** verbunden werden. Die Anordnung der Hauptsätze bleibt dabei bestehen.

Die Katze freut sich der Kater kommt zurück.

Beispiel

Die Konjunktion *denn* kann hier verbinden:

Die Katze freut sich denn der Kater kommt zurück.

Welche **Konjunktionen** könnten jeweils die folgenden Sätze zu einer Satzreihe verbinden?

Übung
A 3

a) Marco geht nicht zur Schule. Er ist krank.

Marco geht nicht zur Schule, _____ er ist krank.

b) Die Werbung vor dem Kinofilm ist zu lang. Der Film gefällt umso mehr.

Die Werbung vor dem Kinofilm ist zu lang, _____ der Film gefällt umso mehr.

c) Maria spielt Klavier. Anna läuft Schlittschuh.

Maria spielt Klavier _____ Anna läuft Schlittschuh.

d) Sie fahren ins Blaue. Sie bleiben zu Hause.

Sie fahren ins Blaue _____ sie bleiben zu Hause.

Satzreihe, Satzgefüge und Komma

Du musst bei der **Zeichensetzung** in **Satzreihen** folgende Regeln beachten:

1. Zwischen **zwei Hauptsätzen**, die durch *und* bzw. *oder* verbunden sind, steht in der Regel **kein Komma**.
   Ausnahme: Man kann ein Komma setzen, wenn man die Gliederung der Satzreihe verdeutlichen will.

2. In den anderen Fällen steht zwischen den Hauptsätzen einer Satzreihe **immer ein Komma**, und zwar
   a) bei einfachen Satzreihen **ohne Konjunktion** (unverbundene Satzreihen)
   b) bei Satzreihen **mit Konjunktionen**, z.B. *denn, aber, doch.*
      Ausnahme: kein Komma vor *und* bzw. *oder* (siehe 1.).

Setze, falls notwendig, in den folgenden Sätzen die Kommas!

a) Das Kind weinte es hatte seinen Schlüssel verloren.

b) Der Hund näherte sich vorsichtig denn er fürchtete sich.
c) Er wusste den Weg nicht mehr aber seine Frau war auch ratlos.
d) Ich half ihr aber gern tat ich es nicht.
e) Er glaubte ihr nichts mehr sie verließ ihn deshalb bald.
f) Er spielte Orgel und die Kinder sangen dazu.
g) Mein Vater raucht Zigarren doch früher rauchte er Zigaretten.
h) Das Geschäft lief gut der Gewinn ließ sich sehen.
i) Er muss einfach zustimmen oder ich kann ihm auch nicht mehr helfen.
j) Der Vitamine wegen hält meine Mutter frisches Gemüse für unersetzlich deshalb kommt es bei uns täglich auf den Tisch.
k) Im Winter kommen die Rehe bis ans Haus im Sommer bleiben sie scheu im Wald.
l) Kurz vor den Zeugnissen strengen sich viele enorm an und einige erreichen so tatsächlich das Klassenziel.
m) Viele Leute besuchten die verlängerte Ausstellung moderner Kunst in Düsseldorf auch Leute aus Hamburg kamen angereist.
n) Ein großer Teil der Schüler hat einfach keine Lust zu den Hausaufgaben nur wenige erkennen schon früh die Notwendigkeit.

Markiere in den Sätzen a) bis n) der Übung A 4 die Konjunktionen, falls vorhanden!

Beim **Satzgefüge** nun sieht es so aus:

Die Katze streicht mir um die Beine, weil sie Hunger hat.

*Beispiel*

Konjunktion

Hauptsatz   Gliedsatz

Hauptsatz und **Gliedsatz** sind hier durch die Konjunktion *weil* verbunden. Wichtig zu wissen:

> Zeichensetzung bei **Hauptsatz – Gliedsatz**:
> Hauptsatz und Gliedsatz werden immer durch ein Komma getrennt.

Regel

Wenn in einem Satzgefüge zwei Gliedsätze mit der Konjunktion *und* bzw. *oder* verknüpft sind, musst du aber eine Besonderheit beachten:

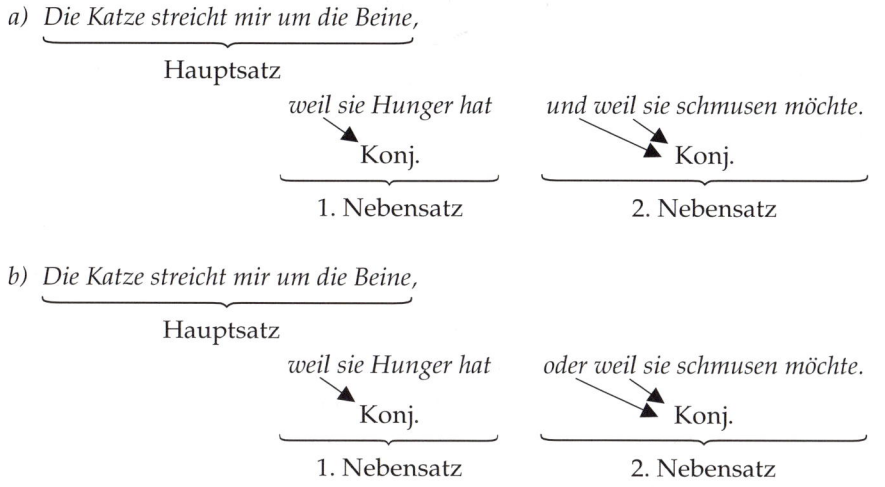

Beispiele

a) *Die Katze streicht mir um die Beine,*

Hauptsatz

weil sie Hunger hat   *und weil sie schmusen möchte.*

Konj.   Konj.

1. Nebensatz   2. Nebensatz

b) *Die Katze streicht mir um die Beine,*

Hauptsatz

weil sie Hunger hat   *oder weil sie schmusen möchte.*

Konj.   Konj.

1. Nebensatz   2. Nebensatz

> Zeichensetzung bei *und, oder*:
> Wenn einem Hauptsatz zwei Nebensätze untergeordnet sind, die durch die Konjunktionen *und* bzw. *oder* miteinander verbunden sind, so steht vor *und* bzw. *oder* in der Regel **kein Komma**[1].

*Regel*

[1]*Ausnahme: Auch hier* **kann** *zur Vedeutlichung der* **Satzgliederung** *ein Komma gesetzt werden.*

Übung A 6

Setze, falls notwendig, in den folgenden Sätzen die Kommas!
Markiere die Konjunktionen und unterstreiche die Gliedsätze.

a) Die Leiterin begrüßte mich freundlich als ich ankam.
b) Während die anderen die Weihnachtsvorbereitungen machten stellte man mich erst einmal vor.
c) Endlich kamen die Musiker und begannen mit dem Stimmen ihrer Instrumente.
d) Ich war dann sehr froh dass alles noch geklappt hatte.
e) Das Konzert wurde begeistert aufgenommen und am Schluss mit viel Beifall bedacht.

f) Er musste daheim bleiben weil er zum Arzt musste denn sein Bein tat weh.
g) Mein Freund spielt selbst ein Instrument und übt oft tagelang dasselbe Stück.
h) Er gab mir eine schlechte Note und schimpfte mich aus obwohl ich mich doch angestrengt hatte.
i) Als sein kleiner Hund verschwunden war suchte der Junge so lange bis er ihn endlich fand.
j) Mein Bruder Matthias hatte Geburtstag deshalb wollte ich ihm einen Kuchen backen denn ich wusste dass ich ihm damit eine große Freude machen würde.
k) Ich ging in die Küche als mein Vater vom Einkaufen kam und gerade die Milch in den Kühlschrank stellte damit sie frisch bliebe.

Wie du in den **Kommaregeln** zu **Satzreihe** und **Satzgefüge** erfahren hast, kann man dann ein Komma vor Hauptsätzen oder Gliedsätzen setzen, die von *und* bzw. *oder* eingeleitet werden, wenn man die **Gliederung** des zusammengesetzten Satzes verdeutlichen möchte.

Übung A 7

Kannst du genauer erklären, warum es in den folgenden Sätzen sinnvoll ist, ein Komma zu setzen?

a) Er hat uns mehrmals bekocht (,) und uns hat es jedesmal geschmeckt.
b) Sie ging zu ihrer Freundin (,) und deren Bruder war auch da.
c) Wir warten auf euch (,) oder die Kinder gehen schon voraus.
d) Es ergab sich oft, dass sie ihn mitnahm (,) und dass er sich bedankte, wenn er dazu aufgelegt war.

Du hast die **Freiheit**, mit *und* bzw. *oder* **eingeleitete Hauptsätze oder Gliedsätze** in einem Satzgefüge oder in einer Satzreihe **mit einem Komma** abzutrennen.
Das ermöglicht dir, dass du die Gliederung und Bedeutung klarer herausstellen und so **Missverständnisse vermeiden** kannst.

Setze Kommas, wo die Gliederung einer Satzreihe oder eines Satzgefüges verdeutlicht werden sollte!

a) Er hat sie nie beachtet _ und sie hat das nicht bedauert.
b) Er hat sie nie beachtet _ und er ist ihr nie gefolgt.
c) Marco fährt Rad mit Aylin _ und er spielt später mit dem Gameboy.
d) Marco fährt Rad mit Aylin _ und Maria spielt mit dem Gameboy.
e) Ich stelle fest, dass ich immer öfter Milch trinke _ und dass es mir sehr gut schmeckt, wenn ich dazu ein Käsebrot esse.
f) Ich stelle fest, dass ich immer öfter Milch trinke _ und dass es mir sehr gut schmeckt.
g) Wir spielen heute Fußball auf dem Hof _ oder wir bleiben zu Hause.
h) Wir spielen heute Fußball auf dem Hof _ oder wir machen ein Picknick auf der Wiese.

Der Adverbialsatz

A: Guck mal, Max, sind die nicht witzig?
M: Stimmt, ist ja auch wirklich so: Beim Betrachten moderner Kunst macht jeder/ jede ein dummes Gesicht.
A: Du kannst auch sagen: Wenn die Leute moderne Kunst betrachten, machen sie ein dummes Gesicht.
M: Ist das nicht dasselbe?
A: Inhaltlich ja, beide Male kannst du **wann?** fragen. In deinem Satz ist es eine adverbiale Bestimmung der Zeit und ich habe einen Gliedsatz daraus gemacht.

Adverbiale Bestimmung		Gliedsatz	Beispiel
Beim Betrachten ...	**Wann?**	Wenn die Leute ... betrachten, ...	
	Wann machen sie ein dummes Gesicht?		

Einen Gliedsatz, der die gleiche Aufgabe in einem Satz hat wie eine **adverbiale Bestimmung**, nennt man **Adverbialsatz**.
Seine Aufgabe ist es, die Umstände eines Geschehens näher zu bestimmen.

Zur Auffrischung   Bei der **adverbialen Bestimmung** (Umstandsbestimmung) des Beispielsatzes handelt es sich um eine …

adverbiale Bestimmung …	Hilfsfragen	Beispiele
… der Zeit und Zeitdauer	Wann? Wie lange? Wie oft?	*um halb zehn, bis früh morgens, immer, beim …*

Es gibt noch weitere Arten dieses Satzgliedes:

adverbiale Bestimmung …	Hilfsfragen	Beispiele
… des Ortes und der Richtung (lokal)	Wo? Woher? Wohin?	*in der Disko, von draußen, nach Hause*
… der Art und Weise (modal)	Wie?	*mit der U-Bahn*
… des Mittels (instrumental)	Womit?	*mit einem Fünfmarkstück*
… des Grundes (kausal)	Warum?	*wegen einer Verabredung*
… des Zwecks (final)	Wozu? In welcher Absicht?	*zum Spaß*
… der Folge (konsekutiv)	Mit welcher Folge?	*zum Verrücktwerden, zum Verwechseln*

Max hakt noch einmal nach, er ist etwas irritiert.

M: *Aber wir haben doch gelernt, dass ein Gliedsatz, der mit einer Konjunktion ein-*
geleitet wird, Konjunktionalsatz heißt – wie dein Satz: „Wenn die Leute moder-
ne Kunst …" usw. Und jetzt soll das ein Adverbialsatz sein? Was denn nun?
A: *Ich bin beeindruckt von dir! – Eigentlich ist es gar nicht schwer:*
Der Adverbialsatz ist nur eine bestimmte Form des Konjunktionalsatzes.
M: *Dann wird auch der Adverbialsatz durch eine Konjunktion eingeleitet?*
A: *Genau.*

Der **Adverbialsatz** ist eine **bestimmte Form des Konjunktionalsatzes**.
Er wird ebenfalls durch eine **Konjunktion** eingeleitet.

Zwei Tage später …
Max trifft Aylin. Er ist geknickt. Sein Lateinlehrer hat seiner Mutter einen
Brief geschrieben. Darin heißt es unter anderem:

… Nach meiner Kenntnis ist Max recht häufig mit seiner Mitschülerin Aylin zusammen … Aus Mitleid habe ich ihn bereits zwei versäumte Klassenarbeiten
nachschreiben lassen … Bis zum Ende des Schuljahres ist nur noch wenig Zeit
… Wegen seiner schwachen Leistungen muss ich ein Sitzenbleiben befürchten …

Text

Unterstreiche die adverbialen Bestimmungen im Brief des Lateinlehrers!

Übung
me A9

Max erzählt Aylin das Wichtigste aus
dem Brief: *„Soweit er (der Lateinlehrer)*
das beurteilen könne, sei ich zu häufig
mit dir zusammen. Er habe mich schon
zwei Arbeiten nachschreiben lassen,
weil er Mitleid mit mir gehabt habe. Es
sei nur noch wenig Zeit, bis das Schul-
jahr zu Ende sei. Er befürchte ein Sitzenblei-
ben, weil ich so schwache Leistungen hätte."

Aylin tröstet Max und bietet ihm, wie schon seine Mutter, ihre Mithilfe in
Latein an. Nun kann ja nichts mehr schief gehen!

Du hast sicher gesehen, dass zwischen dem Brief des Lateinlehrers und der
mündlichen Wiedergabe durch Max ein Unterschied besteht.

Aus einer **adverbialen Bestimmung** kann man einen **Adverbialsatz** machen.

Es gilt aber auch:

Aus einem **Adverbialsatz** kann man eine **adverbiale Bestimmung** machen.

Unterstreiche die Adverbialsätze, die Max bei der mündlichen Wiedergabe des Briefes verwendet!

Schreibe die Fragen, auf die die Adverbialsätze antworten, in dein Heft!

A12 Der folgende Text enthält Adverbialsätze und adverbiale Bestimmungen.

1. Verwandle alle Adverbialsätze in adverbiale Bestimmungen!
2. Verwandle alle adverbialen Bestimmungen in Adverbialsätze! Vergiss das Komma nicht!

Ein Mädchen von heute

a) Vera hatte schon früh Abschied von ihrer kleinen Vaterstadt genommen.

b) Obgleich sie noch völlig unerfahren war, nahm sie in London eine Stelle als Aupairmädchen an.

c) Sie war in der Familie beliebt, denn sie war sehr fleißig.

d) Durch ihre große Sparsamkeit hatte sie bald so viel Geld beisammen, dass sie sich die Übersiedlung nach New York leisten konnte.

e) Dort meldete sich Vera im Büro von Delta Airlines an.

f) Durch ihre guten Prüfungen war sie am Ziel aller Anstrengungen: Stewardess bei Delta Airlines zu sein.

g) Zu Beginn des Jahres 1996 stieg sie zum ersten Mal mit dem „Riesenvogel" von Delta Airlines in die Luft.

h) Nicht alle ihre Vorstellungen wurden erfüllt, obwohl sie sehr viel erlebte.

i) Sie bereute jedoch die einmal getroffene Entscheidung nicht.

j) Nach Ablauf einiger Jahre hörte sie auf, da ihr die Berufspraxis als Stewardess trotz der vielen Auslandsaufenthalte zu eintönig war.

3. Der Relativsatz

Aylin erzählt Max, dass sie für das Wochenende eine Eintrittskarte für ein Konzert in der Sporthalle gewonnen habe, sie aber die Gruppe gar nicht kenne. Sie wolle nur eine Gruppe live hören, die wirklich cool sei. Außerdem möge sie die Sporthalle nicht, die alt, hässlich, grau und kalt sei.

Michael und Lena kommen hinzu und die beiden bekommen Aylins „Problem" von ihr bzw. Max noch einmal, aber in unterschiedlicher Weise erzählt.

A: Ich will nur eine Gruppe, die cool ist, live hören.

A: Außerdem mag ich die Sporthalle nicht, die alt, hässlich, grau und kalt ist.

M: Aylin will nur eine coole Gruppe hören.

M: Außerdem mag Aylin die alte, hässliche, graue und kalte Sporthalle nicht.

Aylin hat zur genauen Erklärung **Gliedsätze** verwendet:

In Satz 1

eine Gruppe, _die cool ist_, ...

In Satz 2

die Sporthalle ..., _die alt, hässlich, grau und kalt ist._

Bisher hast du (vgl. S. 8 und 13 f. im Unterkapitel zum Gliedsatz) gelernt:

Ein Gliedsatz ergibt allein keinen Sinn.

Ein Kennzeichen der meisten Gliedsätze ist ein **Einleitungswort**. Du hast die **Konjunktion** als Einleitungswort kennen gelernt.

Wir kümmern uns jetzt um eine weitere Gruppe von Gliedsätzen mit **Pronomen** (= Fürwörter) als Einleitungswort.

Die Gliedsätze, die Aylin verwendet, nennt man **Relativsätze**:

1. **Relativsätze** sind immer **Gliedsätze**.

2. **Relativsätze** werden meist durch **Relativpronomen** eingeleitet.

Max hat zur genaueren Erklärung auf Gliedsätze verzichtet:

Statt … *eine Gruppe, die cool ist,* …
sagt er: … *eine <u>coole</u> Gruppe* …

Statt … *die Sporthalle …, die alt, hässlich, grau und kalt ist.*
sagt er: … *die <u>alte, hässliche, graue und kalte</u> Sporthalle* …

Max verwendet anstelle der Relativsätze vorangestellte **Adjektivattribute**.

Beide sagen inhaltlich dasselbe. Sie bestimmen das Nomen durch eine Erklärung, die Aylin in Form eines Relativsatzes anhängt und Max in Form eines Adjektivattributes voran-
stellt.

Aylin und Max sind nicht zufrieden. Jeder findet seine Formulierung besser als die des anderen. Vergleiche selbst und spiele „Schiedsrichter".

Übung me A 13

Kreuze an und überlege dir eine Begründung dazu:

a) Aylins Sätze sind besser. ☐

b) Die Sätze von Max sind besser. ☐

c) Aylins 1. Satz ist besser. Der 2. Satz von Max ist besser. ☐

d) Der 1. Satz von Max ist besser. Aylins 2. Satz ist besser. ☐

Schlag jetzt nach im Lösungsteil! Wie könnte die Regel lauten?

Relativpronomen

Was ist überhaupt ein Relativpronomen?

Das Fremdwort *relativ* kennst du vielleicht aus dem Englischen. Die *relatives* sind die – manchmal – lieben Verwandten. Die Verwandten haben eine Beziehung zu dir; dabei spielt es keine Rolle, ob diese Beziehung gut oder schlecht ist. –

Im Deutschen haben wir das Wort *relativieren* (= etwas in Beziehung zu etwas anderem setzen) oder auch *relativ* (= etwas wird in Bezug auf etwas anderes gesehen).

Langer Rede kurzer Sinn:

Ein **Relativpronomen** stellt eine **Beziehung** zum **vorangehenden Nomen** her.

Beispiele

1. *Ich kenne das Mädchen, das dort geht.*

   Relativpronomen

2. *Vermutlich ist das die Tür, die nach draußen führt.*

   Relativpronomen

3. *Der Matrose, der einen Rettungsversuch machte, fiel selbst ins Wasser.*

   Relativpronomen

Die Wörter *der, die, das* sind hier **Relativpronomen**. Sie leiten den Gliedsatz ein, der das vorhergehende Nomen näher erklärt.

Forme die Attribute in Relativsätze um! Schreibe sie in dein Heft!

Ein aufregender Ausflug

Übung
A 14

a) Die <u>junge</u> Studentin war von der Flut überrascht worden.
b) Sie ließ die <u>noch gar nicht ängstlichen</u> Kinder auf der Sandbank zurück.
c) Diese blieben allein unter der Führung des ältesten Jungen und sahen dem <u>bedrohlichen</u> Anstieg der Flut stumm zu.
d) Schon „fraßen" die Wellen an ihrer <u>so stolzen und schönen</u> Sandburg.
e) Die Studentin kämpfte sich derweil durch das Wasser des <u>gefährlichen</u> Wattenmeeres und konnte rechtzeitig Hilfe holen.

Manchmal ist es sinnvoll, Relativsätze wie in der Lösung zu Übung A 14 – zumindest in der Häufung – zu vermeiden, zumal sie alle mit dem Verb *sein* gebildet worden sind. Das klingt nicht gerade gut. Man kann, wie es Max im obigen Beispiel getan hat, stattdessen **vorangestellte Adjektivattribute** bilden.

Das **vorangestellte Adjektivattribut** steht **zwischen** dem **Artikel** und dem **Bezugsnomen**. Dies bezeichnet man auch als Rahmenstellung.

Beispiel
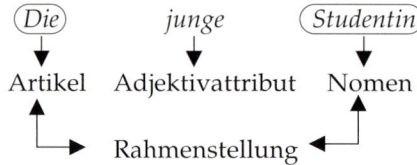
Die   *junge*   *Studentin*   *war von der Flut überrascht worden.*

Artikel   Adjektivattribut   Nomen

Rahmenstellung

Übungen A 15

Forme die Relativsätze in Adjektivattribute um! Schreibe sie in dein Heft!

a) Die Kinder, <u>die noch vor kurzer Zeit so fröhlich waren</u>, wurden immer stiller.
b) Doch sie vertrauten dem Jungen, <u>der ruhig und mutig war</u>.
c) Dieser blickte auf die Kinder, <u>die jetzt ängstlich waren</u>.
d) Der Junge kämpfte gegen das Gefühl der Hoffnungslosigkeit, <u>das fürchterlich war</u>.

A 16

Längere Adjektivattribute hören sich nicht gut an! Verwandle sie in Relativsätze! Schreibe sie in dein Heft!

a) Die am Wochenende fast ausschließlich in der Küche stehenden Hausfrauen protestieren mit Recht.
b) Die jedem Werbespruch glaubenden und jeder Verkaufstaktik ausgelieferten Kinder kaufen viel unnützes Zeug.
c) Die sich ständig beobachtenden und sich vor jedem Spiegel drehenden Menschen machen sich selbst lächerlich.

Übung A 17

Übe dich im Erkennen von Relativsätzen! Umrande das Wort, (das) den Relativsatz einleitet, und zeichne einen Pfeil zum Bezugswort!

a) Die Großmutter, die selten im Leben verreist war, wollte diesmal mit uns in die Ferien fahren.
b) Sie erzählte das meinen Eltern, die sehr erfreut waren.
c) Durch die Großmutter, die ja auch abends da sein würde, würden sie allein etwas unternehmen können.
d) Die Kleinen, die Großmutters Märchen liebten, freuten sich besonders.
e) Großmutter selbst freute sich auf die hohen Berge, deren schneebedeckte Gipfel auch mich beeindruckt haben.

Welche Relativpronomen gibt es? Wie setzt man sie ein?

Aylin und Max kümmern sich um Zoltan, der noch nicht lange in Deutschland ist. Zoltan (= Z) bemüht sich, mit ihrer Hilfe Deutsch zu lernen.

A: Hallo, Zoltan, hast du alles dabei?

Z: Klar doch, Aylin, hier ist **Heft, den** ich mitbringen sollte.

M: Ach, Zoltan, dass du das aber auch immer vergisst: Bei uns haben die Nomen einen Artikel!

Z: Ja, Max, du hast Recht. Es heißt: Hier ist **die Heft, die** ich mitbringen sollte.

(Aylin und Max lachen.)

A: Zoltan, „Heft" ist sächlich und hat den Artikel „das"!

(Zoltan strahlt.)

Z: Alles klar, Aylin, hier ist **das Heft, den** ich mitbringen sollte.

M: Fast richtig, Zoltan, nur noch eine „Kleinigkeit": Das Relativpronomen stimmt nicht.

Z: ? ? ?

Zoltan seufzt, so schwer hatte er sich den Feriennachhilfevormittag mit Aylin und Max nicht vorgestellt. Nach langen Gesprächen weiß er, dass er sich zwei Regeln merken muss:

1. Das **Relativpronomen** richtet sich in **Genus** und **Numerus** nach dem **vorhergehenden Nomen.**

2. Im **Kasus** richtet es sich nach dem **Sinn des Relativsatzes**!

Zur Auffrischung   Mit **Genus** bezeichnet man das **grammatische Geschlecht** eines Nomens.

Es gibt **drei Genera**:

Beispiele

Femininum (weiblich)	**Maskulinum (männlich)**	**Neutrum (sächlich)**
die Frau	*der Mann*	*das Mädchen*
die Lampe	*der Tisch*	*das Bett*
die Sonne	*der Mond*	*das Weltall*

Mit **Numerus** (= Anzahl) gibt man an, ob das mit dem Nomen Genannte einmal (= **Singular**) oder mehrmals (= **Plural**) vorhanden ist.

Das grammatische Geschlecht stimmt nicht immer mit dem natürlichen überein, z. B. *das Mädchen*: grammatisches Geschlecht: sächlich, natürliches: weiblich.

Beispiele

Singular (Einzahl)	**Plural (Mehrzahl)**
die Frau, der Mann, das Mädchen,	*die Frauen, die Männer, die Mädchen,*
die Lampe, der Tisch, das Bett,	*die Lampen, die Tische, die Betten,*
die Sonne, der Mond, das Weltall	*die Sonnen, die Monde, (aber nicht:*
	die Weltalle)

Die folgenden Beispiele sollen die beiden Regeln zum Relativpronomen verdeutlichen.

Beispiele

1. Der Hund ⁀ *(der) mir gehört,* *lief fort.*

Numerus: Singular   **Numerus:** Singular
Genus: Maskulinum   **Genus:** Maskulinum
Kasus: Nominativ (1. Fall)   **Kasus:** Nominativ
Frage: <u>Wer</u> lief fort?   **Frage:** <u>Wer</u> gehört mir?

2. Der Hund, ⁀ *(dessen) Leine gerissen war,* *wurde gefunden.*

Numerus: Singular   **Numerus:** Singular
Genus: Maskulinum   **Genus:** Maskulinum
Kasus: Nominativ   **Kasus:** Genitiv (2. Fall)
Frage: <u>Wer</u> wurde gefunden?   **Frage:** <u>Wessen</u> Leine war gerissen?

3. Die Nachtigall, ⁀ *(der) ich zuhörte,* *sang wunderschön.*

Numerus: Singular   **Numerus:** Singular
Genus: Femininum   **Genus:** Femininum
Kasus: Nominativ (1. Fall)   **Kasus:** Dativ (3. Fall)
Frage: <u>Wer</u> sang wunderschön?   **Frage:** <u>Wem</u> hörte ich zu?

4. Die Rehe, ⁀ *(die) so scheu sind,* *habe ich heute gesehen.*

Numerus: Plural   **Numerus:** Plural
Genus: Neutrum   **Genus:** Neutrum
Kasus: Akkusativ (4. Fall)   **Kasus:** Nominativ (1. Fall)
Frage: (Wen oder) <u>Was</u> habe ich heute gesehen?   **Frage:** (Wer oder) <u>Was</u> ist so scheu?

Hier sind die **Relativpronomen** in der Übersicht:

	Nominativ	**Genitiv**	**Dativ**	**Akkusativ**
Singular/Maskulinum (Einzahl/männlich)	der	dessen	dem	den
Singular/Femininum (Einzahl/weiblich)	die	deren	der	die
Singular/Neutrum (Einzahl/sächlich)	das	dessen	dem	das
Pluralformen	die	deren	denen	die

Übungen

A 18

Ergänze in den folgenden Sätzen die Relativpronomen!

a) Ich erkannte den Mann, _____ Gesicht mir aufgefallen war, in der Zeitung wieder.

b) Seine Augen, _____ groß und ausdrucksvoll waren, hatten mich interessiert angeschaut.

c) Die wenigen Worte, _____ wir miteinander gewechselt hatten, reichten nicht für ein besseres Kennenlernen.

d) Bis heute hatte ich die Bekanntschaft, _____ ich in den Ferien gemacht hatte, nicht vergessen.

e) Der Zeitungsbericht, _____ ich mit großer Aufmerksamkeit las, lobte jenen Mann als bekannten Schauspieler aus Amerika.

f) Meine Freundinnen, _____ Neid ich spürte, bewunderten diesen glücklichen Zufall.

A 19 Bestimme Numerus, Genus und Kasus der Relativpronomen in Übung A 18 und überlege dir die Frage für jeden Satz. Trage in die Tabelle ein.

	Numerus	Genus	Kasus	Frage
Satz a)				
Satz b)				
Satz c)				
Satz d)				
Satz e)				
Satz f)				

Zoltan kennt sich jetzt mit Relativsätzen aus. Er erzählt Aylin und Max:

Z: *Meine Mutter schickte mich gestern mit einem Salat zu meinem kranken Onkel, den sie im Supermarkt gekauft hatte.*

Aylin und Max lachen wieder, aber dann überlegen sie mit Zoltan, was hier mit dem Relativsatz nicht stimmt.

Überlege selbst: Was stimmt nicht mit Zoltans Relativsatz?

Übung A 20

Damit du solche Unklarheiten oder sogar unfreiwillige Komik in deinen Relativsätzen vermeidest, solltest du Folgendes beachten:

Schließe den Relativsatz möglichst eng an das Bezugswort im Hauptsatz an.

Verbessere die folgenden Sätze!

Übung A 21

a) Nach dem Training ließ sich die Sportlerin auf einer Bank nieder, die völlig erledigt war.
b) Meine Mutter sucht ein Kindermädchen für das Baby, das auch im Haushalt hilft.

c) Die Katze kratzte die alte Frau, die um ihr Katzenfutter fürchtete.
d) Die Nachttöpfe wurden von den Krankenschwestern entleert, die oft recht übel rochen.

Relativsätze mit Präposition oder Adverb

Max und Aylin arbeiten an der Schülerzeitung ihrer Schule mit. Sie beschließen, auf der Witzseite „Non-Stop-Nonsens-Werbung" zu bringen.

Hier sind vier Beispiele aus ihrer „Sammlung":

Beispiele

– *die Bank, mit der Sie etwas auf die hohe Kante legen können …*

– *Top-Angebote im Schlussverkauf, für die Sie die Beine unter die Arme nehmen werden …*

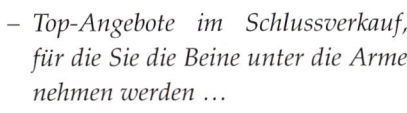

– *das neue Gesellschaftsspiel, bei dem alle in den sauren Apfel beißen …*

– *das neue Wörterbuch, mit dem Sie stets den Nagel auf den Kopf treffen …*

Max und Aylin haben ihre Nonsens-Slogans alle nach demselben Schema formuliert: Ein Gliedsatz, der durch eine Präposition (= Verhältniswort) **und** ein Relativpronomen eingeleitet ist, wird im Slogan verwendet.

Relativsätze werden folglich nicht nur durch Relativpronomen eingeleitet. Es gibt noch andere Möglichkeiten, wie diese Beispiele zeigen:

Beispiel 1 | (gebildet wie die Slogans oben)

Das ist das Zimmer, in dem unsere Anlage steht.

Präposition

+ Relativpronomen

Beispiel 2 | *Das ist das Zimmer, wo | r | in unsere Anlage steht.*

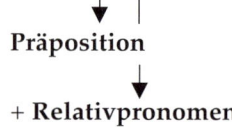

wo ist ein
Adverb

in ist die
Präposition

Worin übernimmt die Stelle des Relativpronomens und heißt deshalb **Relativadverb**.

Beispiel 3 | *Das ist das Zimmer, w o unsere Anlage steht.*

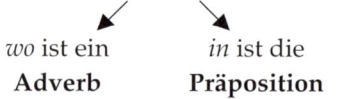

wo ist ein **Adverb**

Auch *wo* übernimmt die Stelle des Relativpronomens.

Zum Gebrauch der Relativadverbien

Aylin und Max nehmen auf dem Klassenausflug an einer Schlossführung teil. Der weißhaarige Führer ist ganz hingerissen von „seinem" Schloss:

„… und hier, meine Damen und Herren, hier ist die Stelle, wovon die Geschichte noch lange erzählen wird, denn hier sehen Sie das Bett, worin der schreckliche Mord geschah! Und dort, wenden Sie Ihre Augen nach rechts, dort hängt das Schwert, womit Amalie den Gatten tötete. Und dort, schauen Sie nach links …"

Aylin und Max halten es nicht mehr aus und beschließen, auf der sonnigen Schlossterrasse auf die anderen zu warten.

M: Das war ja nicht zum Aushalten! So'n alter Quark!
A: Und dann die Sprache … wovon, worin, womit …!

Aylin hat Recht:
Die mit einer **Präposition** verschmolzenen **Relativadverbien** werden heute nicht mehr häufig gebraucht.
Stattdessen benutzt man ein **Relativpronomen mit** einer **Präposition**.

*Sie betrat das Wohnzimmer, **in dem** ihr Mann gerade fern sah.*
*Er fühlte sich wohl in der Schule, **in der** auch seine Freunde waren.*

Beispiele

Forme die Sätze des Schlossführers, in denen er *wovon, worin* und *womit* verwendet, in Sätze mit **Präposition** und **Relativpronomen** um!

Übung
A 22

Wann setzt man *wo, welcher, was* statt des Relativpronomens ein?

Wo/wohin als **Relativadverbien** leiten einen Gliedsatz ein, der einen **räumlichen Bezug** herstellt, z. B. sich auf einen **Orts-** oder **Ländernamen** bezieht. *Wo* wird bei Ortsangaben gebraucht, *wohin* bei Richtungsangaben.

*Er zog nach Paris, **wo** seine Freundin wohnte.*
*Sie sehnte sich zurück nach Italien, **wohin** sie schon so oft gereist war.*

Beispiele

Welcher, welche, welches stehen statt der **Relativpronomen** *der, die* und *das* vor allem dann, wenn das Relativpronomen mit dem folgenden Artikel gleich lautet. Diese Einleitewörter wirken jedoch oft etwas schwerfällig und werden deshalb selten gebraucht.

*„Das ist der Bengel, **welcher** der Frau dort, **welcher der** Unterrock hervorschaut, die ganze Zeit die Zunge herausstreckt", empört sich die Verkäuferin und zeigt auf den kleinen, grinsenden Jungen.*

Wenn du in diesem Satz *welcher* durch die Relativpronomen *der* ersetzt, merkst du, dass der Satz dann schwer zu verstehen ist.

Was leitet den Relativsatz ein, wenn dieser sich auf den **gesamten** Satz davor bezieht.

Beispiel *Es war das Schönste, was er je erlebt hatte.*

Aber: *Er traf auf der Kirmes das schönste Mädchen, das er je gesehen hatte.*

Was leitet den **Relativsatz** auch ein, wenn das Bezugswort ein substantiviertes Adjektiv oder ein Pronomen ist.

Beispiele *1. Alles, was du sagst, ist Quatsch!*
2. Das meiste, was sie hörten, kannten sie schon.
3. Manches, was sie sah, erkannte sie wieder.
4. Er hörte das Schlimmste, was er befürchtet hatte.

Übungen

A 23 Ergänze die Relativpronomen bzw. Relativadverbien!

a) Er lebt in Köln, _____ er studiert hat, in einer Stadt, _____ es sich gut leben lässt.

b) Sie besucht gerne das Geschwister-Scholl-Gymnasium, _____ sie sich wohl fühlt, und sie möchte zu keinem Gymnasium wechseln, _____ sie keine Freundinnen hat.

c) Da läuft schon wieder die Maus, _____ die zwei Lehrer, _____ die Pausenaufsicht in der Aula geführt haben, in Aufregung versetzt hat.

d) Da kommt die Katze, _____ der Maus hinterhergelaufen ist.

e) Das Baby war das niedlichste, _____ ich je gesehen habe.

f) Ein Baby, _____ so niedlich ist, versorge ich gerne.

g) Das, _____ du Baby nennst, ist vielleicht kein Kleinkind mehr.

A 24 Unterstreiche die Relativsätze! Umrande das Wort, das den Relativsatz einleitet! Vorsicht: Falle!

a) Greenpeace ist eine Organisation, die die Umwelt erhalten und gegen zerstörende Einflüsse schützen will.

b) In dieser Organisation arbeiten vornehmlich jüngere Leute, die ältere Generation unterstützt Greenpeace finanziell.

c) Diese Unterstützung, für die immer wieder geworben wird, ist lebensnotwendig für die Arbeit.

d) Erst kürzlich sah man in den Nachrichten aufregende Szenen aus der Nordsee, wo Greenpeace-Boote die Versenkung einer ausrangierten Ölplattform verhinderten.

e) Doch nicht jeder Bundesbürger, der für den Umweltschutz ist, findet die Aktionen von Greenpeace gut.

f) Es besteht aber Einigkeit bei allen Parteien, dass wir ohne Umweltschutz auf eine Katastrophe zusteuern.

g) Leider vergeht viel Zeit durch die Diskussionen über den richtigen Weg, was die Situation nicht verbessert.

Wie wird der Relativsatz in der Übung A 24 c, d und g eingeleitet?

In Satz c durch _____

In Satz d durch _____

In Satz g durch _____

Übung A 25

Bist du am Anfang in die „Falle" getappt? Welcher Satz/welche Sätze stellen eine „Falle" dar? Schreibe eine Begründung auf!

_____

_____

_____

Die Kommasetzung bei Relativsätzen

Jeder **Relativsatz** ist ein **Gliedsatz**. Daher gelten grundsätzlich die **gleichen Zeichensetzungsregeln** für Gliedsätze und für Relativsätze.
(Vergleiche dazu noch einmal das Unterkapitel **Satzreihe, Satzgefüge und Komma** S. 16 – 19.)

Jeder **Relativsatz** wird vom Hauptsatz durch **Komma** abgetrennt, gleich, welches Relativpronomen oder Relativadverb ihn einleitet.

Steht der Relativsatz in der **Mitte des Satzgefüges**, so steht zum **Schluss** des Relativsatzes ebenfalls ein **Komma**.

1. *Max und Aylin heißen die Schüler⊙ die unser Buch begleiten.*

↓

Relativpronomen,
Relativsatz am Schluss

2. *Die Schüler⊙ die unser Buch begleiten⊙ heißen Max und Aylin.*

↓

Relativpronomen,
Relativsatz in der Mitte

Übungen
A 26

Setze die Kommas!

a) Ulrikes Schirm den sie morgens in den Flur gehängt hatte war fort.
b) Zu Beginn der Pause welche die Mädchen in der Teestube verbrachten hatte sie nicht auf den Schirm geachtet.
c) In der Sitzung der SV an der Ulrike teilnahm machte sie ihrem Ärger Luft.
d) Sie schimpfte über die Klauerei an den Schulen die langsam überhand nähme.

A 27   Achtung! Hier musst du gut überlegen, wenn du die Kommas einfügst.

a) Zu Weihnachten beobachten wir in der überfüllten Stadt die im Lichterglanz erstrahlt unsere Mitmenschen die Berge von Geschenken heimtragen.
b) Es gibt natürlich auch nachdenkliche Menschen die ihr Geld in Not leidende Gebiete senden und Not lindern helfen.
c) Aus allen großen Kaufhäusern ertönen Weihnachtslieder mit denen man die Käufer anlocken will.
d) Meist steht auch irgendwo ein alter Mann mit weißem Bart dessen abgetragener roter Mantel den Glauben an den Weihnachtsmann bei den Kleinsten wecken soll die oft bewundernd davor stehen.
e) Doch die Kaufwut zu der wir verleitet werden wird diesem Fest den Sinn nehmen den es über Jahrhunderte hatte.

Bitte auch hier beim Kommasetzen aufpassen!

Übung
me A 28

a) Die im Geschichtsunterricht oft so genannte „gute alte Zeit" was immer man darunter versteht gab es in keinem Jahrhundert von dem die Geschichte uns Wissen vermitteln kann.

b) „Früher" – das ist ein Begriff den man genau beschreiben muss.

c) Denken wir mal an das letzte Jahrhundert das uns durch vielfältige geschichtliche Quellen gut bekannt ist was uns die Beurteilung der Vorgänge erleichtert.

d) Jeder der unüberlegt von einer „guten alten Zeit" redet sollte sich klarmachen, dass das was er da mit einem Schlagwort behauptet bei geschichtlicher Betrachtung nicht haltbar ist.

Manchmal ist es nicht leicht, das **Relativpronomen** *das* von der **Konjunktion** *dass* (vor der Rechtschreibreform: *daß*!) zu unterscheiden.

Hier hilft dir eine einfache Regel:

> Das Relativpronomen *das* kann immer durch *welches* (manchmal auch durch *dieses* oder *jenes*) ersetzt werden.

Regel

Das Hexenhäuschen, das aus Lebkuchen besteht, ist leider erfunden.

Beispiel

Das Hexenhäuschen, welches aus Lebkuchen besteht, ist leider erfunden.

Die Konjunktion *dass* ist **nie** mit *welches* austauschbar!

Das oder *dass*? Setze das **Relativpronomen** oder die **Konjunktion** ein!

Übung
me A 29

a) Wir freuen uns auf die Ferien und hoffen, _____ wir schönes Wetter haben werden.

b) Das Kaninchen, _____ von dem Blick der Schlange gebannt ist, kann nicht fortlaufen.

c) Er sah, _____ er den Zug nicht mehr erreichen würde.

d) Am Geburtstag bekam sie das

Pferd, _____
sie sich so lange gewünscht hatte.

Übung A 30

Jetzt geht's wild durcheinander! Mal ist es eine Konjunktion (*dass*), mal ein Relativpronomen (*das*), mal der Artikel (*das*) oder auch ein Demonstrativpronomen (*das*). Für das Demonstrativpronomen (= hinweisendes Fürwort) kannst du das Wort *dieses* setzen.

a) _____ es wirklich brennt, _____ hatte ich gar nicht erwartet.

b) Gut, _____ es bald Ferien gibt, _____ freut Lehrer und Schüler.

c) Er erlebte nicht mehr, _____ sein Sohn Sieger wurde,

_____ hätte ihn sicher gefreut.

d) _____ ist schade, _____ so wenig Schüler

erkennen, _____ _____ Lesen ihnen die Welt eröffnet.

e) Wer hätte gedacht, _____ _____ so viel Arbeit macht!

4. Partizip und Partizipialkonstruktionen

Aylin und Max haben als Hausaufgabe auf, einen Aufsatz mit dem Thema *Ein lustiges Erlebnis in der Schule* zu schreiben. Sie schreiben beide über den Streich, den sie vor kurzem gespielt haben.

Beispiel 1 | Max schreibt:

Frau Köster, die neue Bio-Lehrerin, ist in den Fachraum gekommen und hat nichts geahnt. Alle Schüler unserer Klasse haben einen Streich gespielt und anstatt Schülern aus der Parallelklasse an den Tischen gesessen. Jeder hat ein Namensschild aus der anderen Klasse vor sich hingestellt und hat eifrig unter falschem Namen im Unterricht mitgemacht. Als dann Lena als „Sascha" zu Wort gekommen ist, hat Frau Köster endlich unseren Streich bemerkt, verschmitzt gelächelt und „Sascha" aufgefordert die Hausaufgabe nachzuliefern, die er in der letzten Stunde vergessen hatte.

Aylin schreibt:

Frau Köster, die neue Bio-Lehrerin, ist nichts ahnend in den Fachraum gekommen. Alle Schüler unserer Klasse haben, einen Streich spielend, anstatt Schülern aus der Parallelklasse an den Tischen gesessen. Ein Namensschild aus der anderen Klasse vor sich hinstellend, hat jeder eifrig unter falschem Namen im Unterricht mitgemacht. Als dann Lena als „Sascha" zu Wort gekommen ist, hat Frau Köster endlich unseren Streich bemerkt und verschmitzt lächelnd „Sascha" aufgefordert die Hausaufgabe nachzuliefern, die er in der letzten Stunde vergessen hatte.

a) Welche Prädikate (= Satzaussagen) sind in beiden Aufsätzen gleich? Unterstreiche sie!

Übung A 31

b) Was sind die Unterschiede zwischen den Aufsätzen von Max und Aylin? Stelle die unterschiedlichen Formulierungen in der folgenden Tabelle gegenüber!

Aufsatz von Max	Aufsatz von Aylin

Was ist ein Partizip?

Was Aylin in ihrem kurzen Aufsatz anders als Max verwendet hat und was du in der Tabelle aufgeführt hast, nennt man **Partizip I.**

Was beide in ihren Aufsätzen benutzen und was unterstrichen werden sollte, nennt man **Partizip II.**

Das **Partizip** wird auch **Mittelwort** genannt. Beide Bezeichnungen drücken aus, dass diese Verbform die Mitte zwischen Verb und Adjektiv einnimmt.

Das **Partizip Präsens** oder das **Mittelwort der Gegenwart** (= Partizip I) drückt aus, dass etwas **gleichzeitig** zur Handlung des Satzes geschieht: *Das Mädchen ging lachend hinaus.*

Das **Partizip Perfekt** oder das **Mittelwort der Vergangenheit** (= Partizip II) drückt aus, dass etwas **vorzeitig** zur Handlung des Satzes geschieht: *Nachdem sie gegessen hatten, gingen sie ins Kino.*

Im Folgenden wird der Kürze halber manchmal das **Partizip Präsens** als **Partizip I (= P I)**, das **Partizip Perfekt** als **Partizip II (= P II)** bezeichnet.

Die Partizipien I und II eines Verbs sind neben dem Infinitiv die weiteren **infiniten** (= unbestimmten) **Formen** des Verbs. Das bedeutet: Ebenso wenig wie du aus dem Infinitiv erkennen kannst, *wer* etwas tut oder *wie viele* etwas tun, kannst du dies aus den Partizipien eines Verbs erkennen.

Als Beispiel das Verb *fahren*:

Beispiel

(ich) fahre
(du) fährst
(er/sie/es) fährt
(wir) fahren
(ihr) fahrt
(sie) fahren

Hier kannst du an den Formen des Verbs erkennen, *wer* **(Person)** und *wie viele* **(Numerus)** etwas tun. Auch die Frage nach dem *Wann* **(Tempus: hier Gegenwart = Präsens!)** kannst du mithilfe dieser Formen beantworten. Nur bei der 1. und 3. Person Plural kannst du lediglich feststellen, dass es sich um eine Pluralform handelt. Bei vielen Verben hättest du auch Schwierigkeiten, die 3. Person Singular und die 2. Person Plural auseinanderzuhalten: *(er/sie/es) geht – (ihr) geht.*

Diese Formen sind also in Person, Anzahl und Zeit **bestimmt**, sodass man hier von **finiten Formen** des Verbs **(finites Verb)** spricht.

Die **infiniten Formen** lauten dagegen:

Beispiel

fahren   = Infinitiv
fahrend   = Partizip I
gefahren = Partizip II

Sie sagen über Person und Numerus gar nichts aus.

Bildung und Gebrauch

Wie werden die Partizipien gebildet?

Das **Partizip Präsens** (= Partizip I) ist leicht zu bilden: An den Infinitiv des Verbs wird nur -d angehängt, z. B. *laufend, singend, lachend …*

Bei der Bildung des **Partizips Perfekt** (= Partizip II) muss man **starke** und **schwache Verben** unterscheiden.

Bei der Konjugation von **starken Verben** verändert sich der **Wortstamm** und damit das Verb **stark**.

Zur Auffrischung

ich fahre   *ich fuhr*

| *Beispiel*

Bei der Konjugation von **schwachen Verben** verändert sich der **Wortstamm nicht** und damit das Verb nur **schwach**.

ich schlucke   *ich schluckte*

| *Beispiel*

Bei der Bildung des Partizips II musst du zuerst Folgendes prüfen:

1. Ist es ein   **einfaches Verb?**
   a) …   einfaches starkes Verb, wie z. B. *fahren*
   b) …   einfaches schwaches Verb, wie z. B. *schlucken*.

2. Ist es ein   **zusammengesetztes Verb mit Anfangsbetonung?**
   a) …   starkes Verb, wie z. B. *vórlaufen*.
   b) …   schwaches Verb, wie z. B. *ántippen*.

3. Ist es ein   **zusammengesetztes Verb ohne Anfangsbetonung?**
   a) …   starkes Verb, wie z. B. *entláufen*.
   b) …   schwaches Verb, wie z. B. *versúchen*.

So wird das **Partizip II** der drei Verbgruppen gebildet:

	Vorsilbe		Stamm	Nachsilbe
1. a) 1. b)		ge ge	fahr schluck	en t
2. a) 2. b)	vor an	ge ge	lauf tipp	en t
3. a) 3. b)	ent ver	– –	lauf such	en t

Übung A 32

Ach, du arme Schnecke!

a) Welches Partizip wiederholt die kleine Schnecke in ihrer Klage?

b) Wie heißen die zwei anderen infiniten Verbformen, welche die Schnecke nicht verwendet?

Übung A 33

Wie heißen das Partizip I und das Partizip II der folgenden Verben? Prüfe zuerst, in welche Gruppe (vgl. S. 41) das Verb jeweils gehört!

	Partizip I	Partizip II
1. anfassen		
2. ankommen		
3. bedeuten		
4. bleiben		
5. denken		
6. entkommen		
7. heben		
8. nachbeten		
9. nachgeben		
10. spielen		
11. misslingen		
12. nehmen		
13. reißen		
14. riechen		
15. beginnen		
16. sein		
17. schwimmen		
18. stinken		
19. verfassen		
20. vollenden		

Wie werden das Partizip I und das Partizip II im Satz eingesetzt?

Das Partizip I ...

a) ... kannst du wie ein **Adjektiv** oder **Adverb** einsetzen:

> *Die Darstellung ist **umfassend**.*
> *Er redete **überzeugend**.*
> Frage: Wie?

Beispiele

b) ... kannst du **attributiv** einsetzen:

> *Der **fahrende** Zug war in der Ferne zu sehen.*
> *Die **schwankenden** Bretter ängstigten sie.*
> Frage: Was für?

Beispiele

Das Partizip II ...

a) ... brauchst du, um die Zeiten **Perfekt** und **Plusquamperfekt** zu bilden. Es ist dann Teil des Prädikats:

> *Er hat **gelacht**.* **(Perfekt)**
> *Er ist **gekommen**.* **(Perfekt)**
> *Er hatte **gelacht**.* **(Plusquamperfekt)**
> *Er war **gekommen**.* **(Plusquamperfekt)**

Beispiele

b) ... brauchst du für die **Bildung des Passivs** (Näheres zum Passiv in Kapitel C):

> *Die Sahne **ist geschlagen**.* **(Zustand)**
> *Die Sahne **wird geschlagen**.* **(Vorgang)**

c) ... kannst du wie ein **Adjektiv** einsetzen:

> *Das Buch ist **bekannt**.*

d) ... kannst du mit einem anderen Verb verbinden; es übernimmt dann die Aufgabe des **Adverbs**:

> *Sie lacht **gequält**. Er geht **gebeugt**.*

e) ... kannst du als **Attribut vor ein Nomen** setzen:

> *Sie war froh über die **gelungene** Feier.*
> *Die **bekannte** Schauspielerin lächelte. (Vergleiche dazu c!)*

Übungen
A 34

Aylin und Max hatten eine Verabredung am Tag vorher, die aber geplatzt war. Sie sehen sich erst heute in der ersten Schulstunde wieder. Max ist ungeduldig und will wissen, warum das Treffen nicht zustande gekommen ist. Er schreibt einen kurzen Brief an Aylin.

Ergänze das **fehlende Partizip II** der Verben in den Klammern und schreibe es in die Lücken!

> Was ist gestern mit dir los _____ (sein), Aylin? Ich habe
>
> _____ (denken), dass wir gestern um drei _____
>
> (verabreden) waren. Warum bist du nicht _____ (kom-
>
> men)? Ich habe mich auf mein Fahrrad _____ (schwingen)
>
> und dich _____ (suchen), aber nicht _____
>
> (finden). Was ist los, warum haben wir uns gestern nicht
>
> _____ (treffen)?

A 35   Die arme Aylin hatte schreckliche Zahnschmerzen, ging zum Zahnarzt und hatte die Verabredung ganz vergessen. Sie antwortet direkt auf den Brief von Max.

1. Ergänze das fehlende **Partizip II** der Verben und schreibe es in die Lücken!
2. Wie verwendet Aylin die **Partizipien II** (vergleiche dazu oben)? Schreibe es in die rechte Spalte!

Aylins Brief an Max	Verwendung des Partizips II
a) Ich habe gestern unter starken Zahnschmerzen _____ _____ (leiden).	
b) Der Zahn war _____ _____ (entzünden).	
c) Ich war nach der Behandlung froh, dass der _____ _____ (ziehen) Zahn nicht mehr schmerzen konnte.	
d) Der Zahnarzt lächelte mir _____ _____ (entspannen) zu.	
e) Abends wurde ich von meiner Familie _____ (verwöhnen).	

Aus einem Reiseprospekt für eine so genannte „Kaffeefahrt":

Bilde das Partizip I der folgenden Verben und ergänze damit den Text!

hinreißen; glänzen; rauschen; tosen; erheben; wohl tun; stärken; erfrischen; wärmen; duften

Übung A 36

Nehmen Sie teil an dieser _____ Fahrt!

Sie sehen die _____ Gipfel unserer Berge,

_____ Bäche mit _____ Wasser.

Erleben Sie die _____ Stille der Almen mit

dem _____ Bimmeln der
Kuhglocken!

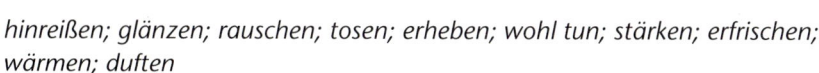

Nach _____ Kaffeepause in

_____ Höhenluft geht's wieder heim.

Und das alles kostet Sie nur – zusammen mit einer _____

Decke und einem Pfund _____ Kaffees – das alles kostet Sie
nur 29,75 DM!!!

Bestellen Sie noch heute eine Teilnehmerkarte!

Umwandlung von Gliedsätzen in Partizipien

Max und Aylin arbeiten wieder mal in der Redaktion der Schülerzeitung. Man beschließt, auch mal die „Kleinen" zu Wort kommen zu lassen und einigt sich auf die Fragestellung: *„Wie fühlt ihr euch an dieser Schule?"*

Max interviewt in den Pausen die „Kleinen" mithilfe eines Tonbandes.

Die Antworten der Fünftklässler hört man sich in der nächsten Redaktionssitzung an:

Max: Sag mal, wir machen gerade ein Interview. Wie fühlst du dich hier?
Schüler 1: Och gut, ich habe Lehrer, die viel lachen.
Schüler 2: Also, ich find's nicht gut, dass wir den Kiosk, der gegenüber der Schule liegt, nicht besuchen dürfen.
Schüler 3: Eigentlich gefällt es mir hier. Aber in den Pausen, da sind immer die Großen, die so wild herumrennen. Da krieg ich oft Angst.

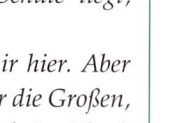

Schüler 4: Ich wurde sogar schon umgerannt, aber die Lehrer, die gerade Aufsicht führen, meinen, wir sollten das allein regeln. Die haben gut reden …

Nach Beendigung der Tonbandaufnahme sind die Redaktionsmitglieder der Schülerzeitung recht nachdenklich. Wie gut, dass sie dieses Thema aufgegriffen haben. Die Beschwerden der „Kleinen" sollte man wirklich mal zu Papier bringen.

Aylin fasst die Antworten der Schüler zu einem Bericht zusammen (hier ein Ausschnitt):

Beispiel

„… Ein Schüler lobte die häufig lachenden Lehrer an unserer Schule …
Es wurde aber auch Kritik laut:
So kritisierte ein Schüler, dass wir den der Schule gegenüberliegenden Kiosk nicht besuchen dürfen.
Man beschwerte sich auch über die wild herumrennenden großen Schüler. Die Aufsicht führenden Lehrer sollten in der Pause die Beschwerden der Kleinen ernst nehmen …"

Aylins Sätze klingen geschmeidiger, glatter als die mündlichen Schüleräußerungen.

Vergleiche:
Schüler: *… Lehrer, die viel lachen.*
Aylins Bericht: *… häufig lachenden Lehrer …*
Schüler: *… den Kiosk, der gegenüber der Schule liegt, …*
Aylins Bericht: *… den der Schule gegenüberliegenden Kiosk …*
Schüler: *… die Großen, die so wild herumrennen.*
Aylins Bericht: *… die wild herumrennenden großen Schüler.*
Schüler: *… die Lehrer, die gerade Aufsicht führen, …*
Aylins Bericht: *… Die Aufsicht führenden Lehrer …*

Aylin hat die **Gliedsätze** in den vier Beispielen der Schüleräußerungen umgeformt und dabei das **Partizip Präsens** benutzt.

Ob **Gliedsätze** auch mithilfe des **Partizips Perfekt** umgeformt werden können? Versuche es!

Übung
A 37

Versuche die Relativsätze mit dem Partizip Perfekt umzuformen!

a) Die Jahre, die vergangen sind, lassen sich nicht zurückholen.
b) Von dem Urlaub, den sie im Tessin verbracht hatte, schwärmte sie noch nach Jahren.

Aus einem Gliedsatz kann man eine Partizipialkonstruktion bilden.
Aus einer Partizipialkonstruktion kann man einen Gliedsatz formulieren.
Das gilt für das Partizip I und II.

1. Forme die **Relativsätze** durch **Partizipien** um! Schreibe in die Klammer am Ende des Satzes, welches Partizip du gewählt hast!
Kürze ab: Partizip Präsens (P I), Partizip Perfekt (P II).

a) Ein Vorfall, der viele Menschen empört hat, ereignete sich kürzlich in D.
   (   )
b) Ein Ehepaar hatte sein Auto an einer Straße geparkt, die sehr belebt war.
   (   )
c) Im Auto blieb der Säugling, der friedlich schlief, als das Ehepaar zum Einkaufen ging. (   )
d) Das Auto, dessen Fenster ganz hochgekurbelt waren, stand in der prallen Sonne. (   )
e) Ein Mann, der zufällig hineinschaute, sah, dass das Baby schrie und schon blau angelaufen war. (   )
f) Er alarmierte die Feuerwehr, die mit Blaulicht herbeieilte. (   )
g) Das Thermometer, das man anschließend in das Auto hielt, zeigte 65 °C Wärme. (   )
h) Der Säugling, der in höchster Lebensgefahr schwebte, war schon im Krankenhaus. (   )
i) Das Ehepaar, das ahnungslos zurückkehrte, wurde von einer empörten Menschenmenge empfangen. (   )
j) Mit einer Bestürzung, die nicht gespielt war, erfuhr das Ehepaar, dass eine Anzeige wegen Kindesmisshandlung gemacht worden war. (   )

2. Es geht auch umgekehrt: Forme die **Partizipien** in **Relativsätze** um!

a) Dieses überaus erschreckende Ereignis verfolgte das Ehepaar noch lange.
b) Der mit dem Fall betraute Richter verurteilte das Ehepaar zu einer Bewährungsstrafe.
c) Heute geht das noch einmal glimpflich davongekommene Ehepaar nur noch zusammen mit seinem inzwischen älter gewordenen Kind einkaufen.

Sicher war es für dich nicht einfach, bei der Umformung die einzelnen Wörter aus dem Relativsatz in der richtigen Abfolge in die Partizipialkonstruktion zu ziehen – oder zu entscheiden, wann jetzt ein Komma gesetzt werden muss und wann nicht.

Die Zeichensetzung bei Partizipien

Wir wollen uns mit der Frage beschäftigen, ob und wo bei den Partizipial-konstruktionen **Kommas** gesetzt werden. Dabei unterscheiden wir **A-** und **B-Sätze**, ausgehend davon, wo genau das Partizip in den Satz eingebaut wurde.

Beispiele | **A-Sätze**

1. Der lachende Mann kam aus dem Kino.
    P

2. Der laut lachende Mann kam aus dem Kino.
    E   P

3. Der aus vollem Halse laut lachende Mann kam aus dem Kino.
    E   P

Beispiele | **B-Sätze**

1. Lachend kam der Mann aus dem Kino.
    P

2. Laut lachend kam der Mann aus dem Kino.
    E   P

3. Aus vollem Halse laut lachend kam der Mann aus dem Kino.
    E   P

Das Partizip der A-Sätze und der B-Sätze heißt *lachend* (P). In beiden Satz-typen ist es erweitert worden durch *laut* und *aus vollem Halse* (E).

Bei den A-Sätzen ...
... steht das **Partizip** mit all seinen Erweiterungen **attributiv** zwischen dem **Artikel** und dem **Nomen** (= Rahmenstellung des Partizips).

Die **Zeichensetzungsregel** heißt:

> Wenn das Partizip von Artikel und Nomen umrahmt wird, setzt du **kein Komma**, gleichgültig, wie lang die Erweiterung ist.

Bei den B-Sätzen ...
... bilden **Artikel** und **Nomen keinen Rahmen** um das erweiterte Partizip.

Die **Zeichensetzungsregel** heißt:

> Grundsätzlich stehen einfache und erweiterte Partizipien **ohne Komma**, gleichgültig, wie lang die Erweiterung ist.

Du wirst dich jetzt vielleicht wundern, warum die Unterscheidung zwischen **A-Sätzen** und **B-Sätzen** gemacht worden ist. Denn diese Regel entspricht ja genau der Regel zu den Partizipien in Rahmenstellung.
Du kannst aber bei längeren Partizipialgruppen wie in dem **B-Satz 3** ein Komma setzen, wenn du die Gliederung des Satzes verdeutlichen willst. Das kannst du bei Partizipien in **A-Sätzen** nicht.

So kannst du im Beispielsatz B 3 auch ein Komma setzen:

Aus vollem Halse laut lachend⊘ kam der Mann aus dem Kino. | *Beispiel*

Manchmal führt sogar ein Satz mit Partizipialgruppe zu Verständnisschwierigkeiten, wenn man kein Komma setzt. Vergleiche die folgenden Sätze:

a) *Sie nahm ihn sanft und freundlich blickend zur Begrüßung in die Arme.* | *Beispiele*
b) *Sie nahm ihn⊘ sanft und freundlich blickend⊘ zur Begrüßung in die Arme.*

So gilt für erweiterte Partizipien ohne Rahmenstellung eine Zusatzregel. Diese gilt wohlgemerkt nur für den **Satztyp B** und auch **nicht** für Partizipien **ohne Erweiterung**.

> Bei Partizipialgruppen **kann** man dann **ein Komma setzen,** wenn man die Gliederung des Satzes verdeutlichen oder Missverständnisse vermeiden möchte.

Diese Regel gilt unabhängig davon, an welcher Stelle im Satz die Partizipialgruppe steht. So kann der Satz B 3 auch umgestellt werden:

Der Mann kam⊘ aus vollem Halse laut lachend⊘ aus dem Kino. | *Beispiel*

In folgenden Beispielsätzen **muss** man **Kommas** setzen:

a) *Er⊘ aus vollem Halse lachend⊘ kam auf mich zu.* | *Beispiele*
b) *Der Mann kam aus dem Kino⊘ aus vollem Halse laut lachend.*

> Eine Partizipialgruppe, die als **Zusatz** oder **Nachtrag** steht, grenzt man mit **Kommas** ab. Ist sie eingeschoben, so grenzt man sie mit paarigen Kommas ab.

Übungen A 39

Setze ein Komma, wo es den Regeln nach gesetzt werden kann!

1. a) Die weinende Frau verließ den Saal.
   b) Die schrecklich weinende Frau verließ den Saal.
   c) Die schrecklich vor sich hinweinende Frau verließ den Saal.

2. a) Keuchend erreichte der Läufer das Ziel.
   b) Heftig keuchend erreichte der Läufer das Ziel.
   c) Heftig und bis zur Erschöpfung keuchend erreichte der Läufer das Ziel.

A 40 Setze das Komma, wo du es musst! Setze das Komma, wo du es für sinnvoll hältst! Unterstreiche das Partizip (P) und die Erweiterung (E)!

Auf einer Schaffarm in Australien

a) Zu großen Haufen aufgestapelt lag die Schafwolle auf der Erde.

b) Gestern erst geschoren wurde sie von LKWs in die Fabrik gebracht.

c) In ihren Ställen laut blökend liefen die nackten Schafe herum.

d) Durch ein gutes Mittagessen gestärkt wurde die Arbeit von den Männern wieder aufgenommen.

e) Die Scherer müde beim Kaffee sitzend betrachteten zufrieden das Bild.

f) Darum gebeten haben einige Männer etwas länger gearbeitet.

g) Die Farm in der Abendsonne friedlich leuchtend war für diese Nacht ihr Quartier.

h) Befriedigt über die Höhe des Lohnes suchten sie bald ihr Lager in den Ställen auf.

i) Die Männer gegerbt von Sonne und Wind waren nicht verwöhnt.

j) Der Farmer nahm der Abenddämmerung zusehend noch einen Schluck Kaffee.

k) Er sah sich sie nicht länger beachtend noch einmal das Tagewerk an.

l) Der Farmer bereits die Höhe des Gewinns berechnend saß noch beim Licht der Petroleumlampe in seinem Arbeitszimmer.

m) Am Morgen wird er der Erste sein laut den Hof zur Arbeit weckend.

n) Dann werden wieder laut blökende und verschreckt umherlaufende Schafe in den Ställen zu sehen sein.

Du musst aber nicht nur die Kommasetzung beachten. Dazu folgende Übung:

Hier stimmt doch etwas nicht?!
Lies zuerst die Sätze und schreibe eine Begründung in dein Heft!

Übung A 41

a) Wild um sich schießend nahm die Mutter den kleinen Cowboy in die Arme.

b) Der Arzt trat zum Kranken, durch die Operation sehr geschwächt.

c) Fröhlich singend fuhren die Traktoren mit den Arbeitern zum Feld.

d) Das Haus freiwillig verlassend nahm die Polizei die Hausbesetzer fest.

e) Im schweren Schneegestöber erreichten sie die Hütte, der Mann und das Pferd, laut vor sich hin fluchend.

f) Mit vielen guten Wünschen versehen, fuhr der Zug mit dem kleinen Jungen los.

Wenn du Sätze mit Partizipialkonstruktionen formst, musst du darauf achten, worauf sich das Partizip bezieht.

Verbessere die Sätze aus der Übung A 41. Forme die Partizipien in Relativsätze um, die sich auf das richtige Wort im Satz beziehen müssen, und schreibe sie in dein Heft!

Übung A 42

Forme die Konjunktionalsätze mithilfe des Partizips Präsens oder des Partizips Perfekt um!

Setze ein Komma, wo es der Regel entspricht! Setze auch da ein Komma, wo es sinnvoll ist!

Schreibe die Sätze in dein Heft!

a) Er verließ, während er laut fluchte, das Haus.

b) Als er in der Stadt angekommen war, suchte er gleich sein Hotel auf.

c) Sie wurde traurig, wenn sie an ihn dachte.

d) Da er von seiner Begabung überzeugt war, wurde er Pianist.

Aussageweisen des Verbs:
Indikativ – Konjunktiv I und II

In diesem Kapitel geht es um die „Aussageweisen", die du zum Sprechen und Schreiben benötigst:

Zum einen, wenn du ein Ereignis, das wirklich geschehen ist, wiedergibst.

Zum anderen kannst du aber auch verdeutlichen wollen, dass du etwas berichtest, was dir jemand anderes erzählt hat, von dem du aber gar nicht weißt, ob das wirklich so war.

Und schließlich hast du noch die Möglichkeit, einfach ein bisschen zu phantasieren oder zu „spinnen", und das willst du jemandem erzählen. Damit der Ärmste das aber merkt, musst du eine bestimmte grammatikalische Form verwenden, sonst hält er alles, was du sagst, für wahr.

Im ersten Fall spricht man vom Indikativ, in den beiden letzten Fällen vom Konjunktiv. Auch für Aylin und Max spielen diese Formen eine Rolle.

Aylin trifft Max nach dem Unterricht auf dem Weg zum Bus.

A: *Wir haben heute bei Frisch den Konjunktiv durchgenommen. Du, das ist vielleicht kompliziert!*

M: *Den was?*

A: *Den Konjunktiv. Den brauchst du für die indirekte Rede und für die Nichtwirklichkeit!*

M: *Hast du sie noch alle? Das haben wir im Unterricht noch nie gemacht!*

A: *Frisch hat uns gesagt, dass manche Lehrer den Konjunktiv lieber ein wenig später behandelten. Ganz so einfach ist er nämlich nicht! Viele Leute haben Schwierigkeiten damit.*

M: *Unser Bender hat mal zu uns gesagt, man müsse nur das lernen, was man nicht könne. Wenn man richtig und formvollendet spräche, brauchte man nicht nachträglich 'ne Regel dafür zu lernen!*

A: *Ich werd verrückt, hat nie was davon gehört und macht es richtig!*

Kannst du jetzt – zu Beginn dieses Kapitels – schon sagen, welche Formen Max gebraucht, angeblich ohne zu wissen, dass es sich um Konjunktive handelt?

Übung

B1

(Kleine Hilfe: Es sind 4 Formen!)

Unterstreiche alle Prädikate (Satzaussagen) in folgendem Text!

Auf dem Schulhof standen während der
Pause Schülerinnen und Schüler der
8. Klasse und bildeten einen engen
Kreis. Neugierig kam Aylin hinzu
und hörte, wie Max versicherte,
dass das Glas der Eingangstür nur
Michael aus der 8 c zerbrochen
haben könne, da er gesehen habe,
dass Michael als Letzter aus dem Gebäude gekommen sei.

B 3 Welche der 8 Satzaussagen sind Tatsachen, welche Aussagen sind möglich
oder wahrscheinlich, aber nicht sicher?

Tatsachen:

_____

_____

_____

möglich, aber nicht sicher:

_____

_____

_____

_____

B 4 Bringe die unten stehenden Sätze a) bis e) in die grammatikalisch richtige
Form!

Der Lehrer der 7 a, Herr Frisch, kommt nicht zum Unterricht. Die Schüler
stehen auf dem Hof und denken laut nach:

a) Aylin meint, Frisch (sicher keine Lust haben).

b) Jan behauptet, Frisch (bestimmt verschlafen
   haben).

c) Kim sagt, Frisch (sicher noch kommen werden).

d) Gina gibt zu bedenken, Frisch (sonst zuverlässig sein).

e) Anne glaubt, Frisch (eine Autopanne
   haben).

a) _____

_____

b) _____

_____

c) _____

_____

d) _____

_____

e) _____

_____

Schließlich kommt der Direktor. Dabei stellt sich heraus, dass Herr Frisch krank ist und dass eine Vertretungsstunde stattfinden wird.

Wie sind die Aussagen der Schüler zu bewerten im Vergleich zur Mitteilung des Direktors?

Übung me B 5

a) bis e)

_____

_____

Mitteilung des Direktors

_____

_____

Der Sprecher kann das Verb in verschiedenen **Aussageweisen** (Modi, Singular: Modus) verwenden, die jeweils eine **Stellungnahme** enthalten:

a) Der **Indikativ (Wirklichkeitsform)** sagt aus, dass ein Geschehen oder ein Vorgang wirklich so ist oder vom Sprecher als wirklich angesehen wird.

b) Der **Konjunktiv I (Möglichkeitsform)** sagt aus, dass ein Geschehen oder ein Vorgang nur berichtet oder angenommen wird. Es ist daher möglich oder wahrscheinlich, aber der Sprecher kann sich dafür nicht verbürgen.

Verwendung des Indikativs

Übung B 6

Versuche jetzt den folgenden Sätzen die entsprechende Aussageweise zuzuordnen: Schreibe hinter den Satz den richtigen Modus.

a) Er fährt Snowboard. _____

b) In den Ferien werde ich an die See fahren. _____

c) Als es Morgen war, erwachte Schneewittchen, und wie es die sieben Zwerge sah, erschrak es. _____

d) Sie ist vielleicht krank. _____

e) Aller Wahrscheinlichkeit nach kommt heute eine Fußballübertragung im Fernsehen. _____

f) Er vermutet, dass er im Diktat eine gute Note bekommt. _____

g) Du sollst sofort nach Hause kommen. _____

Wie du in Übung B 6 festgestellt haben wirst, kommt es beim Indikativ nicht darauf an, ob etwas tatsächlich „wahr" ist. Entscheidend ist vielmehr, dass der Sprecher seine Aussage als wirklich oder wirklich möglich darstellt.

So bezieht sich der Satz b auf die **Zukunft** und man weiß noch gar nicht, ob sie so eintreten wird. Entscheidend ist hier, dass der Sprecher es **für möglich** hält, dass er an die See fährt.

Der Satz c steht im **Indikativ**, auch wenn er aus einem Märchen, also aus dem phantastischen Bereich, stammt.

Auch kann man den **Indikativ** dann verwenden, wenn man sich **nicht so sicher** ist, ob das Geschehen, von dem man erzählt oder schreibt, wirklich eintritt oder zutrifft: Der Sprecher nimmt Stellung zu der Aussage, indem er sie abschwächt (oder im Gegenteil gegebenenfalls bestärkt).

In diesen Fällen hilft man sich entweder mit so genannten **modalen** (= die Art und Weise betreffenden) **Adverbien** wie *vielleicht* (Satz d).

Oder man verwendet **modale Wortgruppen** wie *aller Wahrscheinlichkeit nach* (Satz e).

Oder man verwendet **Einleitesätze** mit **Verben des Vermutens** wie *Er vermutet, dass ...* (Satz f).

Oder man verwendet schließlich **Modalverben** wie *sollen* (Satz g).

Es gibt noch weitere Wörter oder Wortgruppen, mit denen du im Indikativ auf bestimmte Art Stellung nehmen kannst wie in den Sätzen d bis g. Finde weitere Möglichkeiten.

Übungen B 7

modale Adverbien: vielleicht, _____

_____

modale Wortgruppen: aller Wahrscheinlichkeit nach, _____

_____

Verben des Vermutens: vermuten, _____

_____

Modalverben: sollen, _____

_____

Max liest gerade einen spannenden Krimi und erzählt Aylin davon. Da er noch nicht zu Ende gelesen hat, stellt er Vermutungen über Täter, Tat, Motiv usw. an.
Setze in die Lücken passende Ergänzungen (s. Übung B 7)!

B 8

a) _____ kannte sich der Einbrecher in dem Supermarkt gut aus, denn er ging sehr schnell vor.

b) Er _____ auch von jemandem angestiftet worden sein, wer weiß das schon!

c) Man weiß überhaupt nicht, wie der Täter eingebrochen ist. Er hat

_____ einen Dietrich oder einen Zweitschlüssel benutzt – oder hat sich sogar am Abend vorher im Supermarkt einschließen lassen.

d) Der Filialleiter ist aber auch eine zwielichtige Gestalt.

_____ , dass er irgendwie mit dem Diebstahl zu tun hat.

e) _____ sollte der Einbrecher nicht zu hart bestraft werden, denn ich halte nicht ihn alleine für schuldig.

Verwendung des Konjunktivs I und II

In welchen sprachlichen Bereichen wird der Konjunktiv verwendet?

a) Den **Konjunktiv** verwendet man, wenn man ein **Geschehen** oder eine **Aussage** für **möglich** hält.

b) Den **Konjunktiv** verwendet man auch, wenn man einen **Wunsch**, eine **Bitte** oder eine **Aufforderung** ausdrücken möchte, der bzw. die zu **verwirklichen** ist.

c) Den **Konjunktiv** verwendet man, um eine **wörtliche Rede wiederzugeben: indirekte Rede**

⟶ In den Beispielen a bis c verwendet man den **Konjunktiv I**.

d) Den **Konjunktiv** verwendet man, um **Wünsche** auszudrücken, die nicht zu verwirklichen sind.

e) Den **Konjunktiv** verwendet man, um **Erdachtes auszudrücken**, also zur Darstellung der **„Nichtwirklichkeit"**.

⟶ In den Fällen d und e verwendet man den **Konjunktiv II**.

(Bezeichnung II entsprechend der 2. Stammform – Präteritum – des Verbs)

Beispiele

a) *Das sei bestimmt Michael gewesen, er habe als Letzter das Gebäude verlassen.*
Möglichkeit, Vermutung = Konjunktiv I

b) *Man nehme ein halbes Pfund Margarine.*
Möglichkeit, Aufforderung/Wunsch = Konjunktiv I

c) *Jan meint, Frisch habe bestimmt verschlafen.*
Wiedergabe einer Aussage, indirekte Rede = Konjunktiv I

d) *Wenn es draußen nur nicht so kalt wäre.*
Wunsch, „Nichtwirklichkeit" (= nicht möglich) = Konjunktiv II

e) 1. *Es wäre besser gewesen, wenn du für die Arbeit gelernt hättest.*
Nur Vorgestelltes, „Nichtwirklichkeit" (= nicht mehr möglich) = Konjunktiv II

2. *Das wäre schön, wenn sie morgen käme.*
Nur Vorgestelltes, „Nichtwirklichkeit" (= hier aber möglich) = Konjunktiv II

1. Konjunktiv I, indirekte und direkte Rede

Zunächst wollen wir uns dem **Konjunktiv I** zuwenden, der im Bereich der **indirekten Rede** am häufigsten verwendet wird.

Zur Wiedergabe von etwas, das jemand gesagt hat, gibt es **zwei Möglichkeiten:**

1. die **direkte** oder **wörtliche Rede**
2. die **indirekte** oder **berichtende Rede**

Im folgenden Abschnitt geht es um

Gebrauch – Funktion – Grammatik der indirekten Rede

im Vergleich zur wörtlichen bzw. direkten Rede.

| Verwendung |

direkte Rede	indirekte Rede
Gebrauch	
Erlebniserzählung Gespräch Reportage, Interview Bericht Witz eigene Beobachtung	**Wiedergabe von Aussagen und Meinungen anderer:** vor Gericht zu Protokoll Bericht, Nachrichten Wiedergabe von Beobachtung
Funktion	
Vermittlung von Lebendigkeit Anschaulichkeit Unmittelbarkeit Spannung	Umsetzung der direkten Rede, Straffung, Konzentration auf das Wesentliche, Zusammenfassung, oft dem Sinne nach formulierte Wiedergabe, Distanzschaffung

Die Zusammenfassung der wichtigsten Regeln zur direkten und indirekten Rede folgt am Ende des Kapitels!

Indirekte und direkte Rede

Aylin liest gerade in einem mentor Deutsch Helfer und betrachtet darin schmunzelnd Comics, als Max anruft. Sie möchte Max die Comics schildern.

Welche Möglichkeiten hat sie dafür?

1. _____

2. _____

Übung B9

Du weißt, wie wichtig es oft ist, dass man nachdenkt, bevor man zu reden beginnt. In diesem Fall ist Aylin deine „Vordenkerin"! Sie überlegt sich nämlich Folgendes (vergleiche dazu die Übersicht zur Verwendung von direkter und indirekter Rede S. 59):

1. Welche **Funktion** erfüllen die beiden Formen der Redewiedergabe und welche muss ich deshalb verwenden?
2. Welchem **Zweck** dient meine Redewiedergabe?
3. Welche **grammatikalischen Regeln** muss ich beachten?

Die folgenden Übungen sollen dir helfen, die richtige Antwort zu finden: **Wann** verwende ich **welche Form**, **warum** tue ich dies und **wie**?

Comictext

a) Das Feiern mit Freunden macht mir immer Spaß.

Marcel   sein Cousin

b) Wegen Reinigungsarbeiten muss Ihr Schwimmunterricht ausfallen.

Direktorin   Sportlehrer

c) Sie dürfen meinen Tiger nicht füttern.

Tierwärter   Besucherin

d) Im vorderen Teil unseres Restaurants ist das Rauchen nicht gestattet.

Kellnerin   Gast

Aylin entscheidet sich für die direkte Rede. Ergänze du die Sätze!
(Vergiss nicht die Satzzeichen!)

a) Marcel erzählt seinem Cousin: „Das Feiern mit Freunden macht mir immer Spaß."

b) Die Direktorin sagt dem Sportlehrer: „Wegen Reinigungsarbeiten muss Ihr Schwimmunterricht ausfallen."

c) Der Tierwärter ruft einer Besucherin zu: „Sie dürfen meinen Tiger nicht füttern."

d) Die Kellnerin erklärt dem Gast: „Im vorderen Teil unseres Restaurants ist das Rauchen nicht gestattet"

Setze die Comics in die indirekte Rede, indem du die fehlenden Wörter in den Lücken einsetzt!

a) Marcel erzählt seinem Cousin, __ihm__ __mache__ das Feiern mit Freunden immer Spaß.

b) Die Direktorin sagt dem Sportlehrer, __sein__ Schwimmunterricht __müsse__ wegen Reinigungsarbeiten ausfallen.

c) Der Tierwärter ruft einer Besucherin zu, sie __dürfe__ __seinen__ Tiger nicht füttern.

d) Die Kellnerin erklärt dem Gast, im vorderen Teil __ihres__ Restaurants __sei__ das Rauchen nicht gestattet.

Welche Unterschiede kannst du zwischen den beiden Texten feststellen?

	direkte Rede	indirekte Rede
Satzzeichen	– „ _____ „ – „ _____ „ – „ _____ „ – „ _____ „ – „ _____ „	– , _____ – , _____
Pronomen	a) _mir_ b) _Ihr_ *(Schwimmunterricht)* c) _meinen_ *(Tiger)* d) _unseres_ *(Restaurants)*	a) _ihm_ b) _sein_ c) _seinen_ d) _ihres_
Verbformen	a) _macht_ b) _muss_ c) _dürfen_ d) _ist_	a) _mache_ b) _müsse_ c) _dürfe_ d) _sei_
Verbformen, in beiden Texten gemeinsam	a) _____ b) _ausfallen_ c) _füttern_ d) _gestattet_	

Merkmale der indirekten und der direkten Rede

Anhand dieser Gegenüberstellung kannst du bereits die **wichtigsten Merkmale** der

a) **indirekten Rede** und der

b) **direkten Rede** erkennen:

Merkmale der indirekten Rede:

1. **Pronomen** (Personal- und Possessivpronomen) der 1. und 2. Person werden jeweils in die **3. Person gesetzt** (z. B. **ich** – – – **er**).

2. In der indirekten Rede muss bei den **Verben** der **Konjunktiv I** verwendet werden (z. B. ich **weiß** – – – er **wisse**).

Merkmale der direkten Rede:

1. Die ursprüngliche Rede wird **wörtlich wiedergegeben.**

2. Die wörtliche Redewiedergabe erfolgt nach einem **Doppelpunkt** und steht immer in **Anführungszeichen**.

3. Diese Art der Wiedergabe vermittelt **Lebendigkeit** und **Anschaulichkeit**.

Personal- und Possessivpronomen

Der folgende Text stellt eine Aussage in der direkten und indirekten Rede gegenüber. Damit werden wir uns jetzt intensiver beschäftigen.

Durch den **Vergleich** der beiden Berichte kannst du nun die **wichtigsten Unterschiede** zwischen direkter und indirekter Rede üben:

die Veränderung von Personalpronomen (persönliches Fürwort) und Possessivpronomen (besitzanzeigendes Fürwort).

Die Entführung

In der Nacht zum 26. Februar 1997 kam ein Mann zur Polizeiwache in Baumbach und berichtete den beiden anwesenden Polizisten A. und B., dass er Opfer einer Entführung geworden sei.

Übung me B 13

Reportern gegenüber berichtet **Polizist A.** am nächsten Morgen:

Der **Polizist B.** hat noch in der Nacht folgendes Protokoll geschrieben:

Am 26. 2. 97 kam Herr W. gegen 4 Uhr morgens zur Wache und machte folgende Aussage: „Ich bin gestern Abend aus meiner Villa entführt worden. Während meine Frau schlief, saß ich noch am Schreibtisch in meinem Arbeitszimmer. Gegen Mitternacht hörte ich ein Geräusch aus meiner Garage, das mich veranlasste hinauszugehen und nachzusehen. Als ich vor meine Haustüre trat, wurde ich von zwei Männern überwältigt, die dort offensichtlich auf mich gewartet hatten. Ich wollte meine Frau zu Hilfe rufen, doch als ich den Mund aufmachte, schrie der eine Entführer den anderen an: ‚Nun knieble ihn doch endlich!‘ Dieser handelte sofort und betäubte mich dann noch mit Chloroform. Was weiter passierte, kann ich nicht sagen. Als ich aufwachte, lag ich im Kofferraum eines Autos, das fürchterlich nach Diesel stank. Kurze Zeit danach warfen mich zwei Männer – ich weiß nicht, ob es dieselben waren, die mich vor dem Haus entführten, denn sie redeten nicht miteinander – aus dem Auto in den Straßengraben hier in der Nähe. Nach einigem Suchen fand ich dann die Polizeiwache hier. Ich weiß nicht, warum man mich entführte, geschweige denn, warum man mich jetzt wieder freigelassen hat.“
Daraufhin verständigten wir sofort die Kripo in Langenberg und die Familie von Herrn W.

Am 26. 2. 97 kam Herr W. gegen 4 Uhr morgens zur Wache und machte folgende Aussage: Er sei gestern Abend aus seiner Villa entführt worden. Während seine Frau geschlafen habe, habe er noch am Schreibtisch in seinem Arbeitszimmer gesessen. Gegen Mitternacht habe er ein Geräusch aus seiner Garage gehört, das ihn veranlasst habe hinauszugehen und nachzusehen. Als er vor seine Haustüre getreten sei, sei er von zwei Männern überwältigt worden, die dort offensichtlich auf ihn gewartet hätten. Er habe seine Frau zu Hilfe rufen wollen, doch als er den Mund aufgemacht habe, habe der eine Entführer den anderen angeschrien, er solle ihn doch endlich knebeln. Dieser habe sofort gehandelt und ihn dann noch mit Chloroform betäubt. Was weiter passiert sei, könne er nicht sagen. Als er aufgewacht sei, habe er im Kofferraum eines Autos gelegen, das fürchterlich nach Diesel gestunken habe. Kurze Zeit danach hätten ihn zwei Männer – er wisse nicht, ob es dieselben gewesen seien, die ihn vor dem Haus entführt hätten, denn sie hätten nicht miteinander geredet – aus dem Auto in den Straßengraben hier in der Nähe geworfen. Nach einigem Suchen habe er dann die Polizeiwache gefunden. Er wisse nicht, warum man ihn entführt habe, geschweige denn, warum man ihn jetzt wieder freigelassen habe.
Daraufhin verständigten wir sofort die Kripo in Langenberg und die Familie von Herrn W.

Trage in die folgende Tabelle die ersten 20 Pronomen ein, indem du jeweils Satz für Satz nebeneinander im Bericht des **Polizisten A.** und im Bericht des **Polizisten B.** liest und vergleichst!

Bericht von:	A.	B.
Zeile 4		
5		
6		
7		
8		
10		
10		
11		
13		
13		
14		
16/17		
17		
17/18		
18/19		
21/22		
23/24		
25/26		
25/27		
26/28		

Beim Vergleich der Spalten A und B siehst du die Veränderungen bei den Pronomen und kannst die **Regel** vielleicht selbst formulieren?! Wenn nicht, findest du sie gleich auf der nächsten Seite.

Regel

In der indirekten Rede stehen **alle Pronomen** (Personal- und Possessiv-pronomen) in der **3. Person!**

Diese Regel gilt für den Fall, dass der Hörer (im Beispiel der Polizist B.) davon berichtet, was eine **andere Person** (im Beispiel Herr W.) wörtlich erzählt hat.

Diese Regel trifft **nicht** zu, wenn der Hörer den Sprecher **direkt anspricht** und dabei die **indirekte Rede verwendet.**

Beispiel: | *Du hast doch gesagt, dass* **du** *kämst.*

Beachte also:	direkte Rede	indirekte Rede (ich habe gehört, …)
das Kind	Ich bin zu meiner Mutter gelaufen.	… es sei zu seiner Mutter gelaufen.
die Mutter	Ich bin zu meinem Sohn gelaufen.	… sie sei zu ihrem Sohn gelaufen.
der Vater	Ich bin zu meinem Sohn gelaufen.	… er sei zu seinem Sohn gelaufen.

Regel

Bei der Umwandlung der **direkten** in die **indirekte Rede** muss **das** Pronomen in der 3. Person gewählt werden, das dem **Genus** (Geschlecht) des Wortes entspricht, auf das es sich bezieht!

Übung B 14

Unterstreiche zunächst im folgenden Text alle Personalpronomen rot (18!) und dann alle Possessivpronomen blau (7!). Wir werden uns übrigens ganz ausführlich mit diesem Text beschäftigen.

Der Konzertbesuch → direkte Rede

1 Die Eltern gehen mit ihrem Kind in ein Konzert. Am Eingang sagt das
2 Kind zu seiner Mutter: „Ich freue mich so sehr darüber, dass du meinen
3 Papi überredet hast, mit mir in das Konzert zu gehen." Die Mutter
4 antwortet: „Dazu musste ich deinen Papa nicht lange
5 überreden, er war sofort einverstan-
6 den, mit dir und mir hierher zu
7 fahren, das kannst du mir glau-
8 ben!" Und der Vater fügt noch
9 hinzu: „Ich bereue unseren
10 Entschluss nicht. Es ist mir lie-
11 ber, als wenn du alleine gehen
12 würdest, mein Kleines. Übrigens ist es
13 doch richtig gewesen, dass du deinen Walkman zu Hause gelassen hast,
14 denn wir dürften ihn nicht mit hineinnehmen."

Trage zunächst alle Personalpronomen in die folgende Tabelle in der Reihenfolge ein, wie sie im Text stehen! (Die Spalte „3. Person" bleibt noch offen.)

Übung
me B 15

	direkte Rede	**indirekte Rede**
	1./2. Person	3. Person
Zeile 2		
2		
2		
3		
4		
5		
6		
6		
7		
7		
9		

	direkte Rede	indirekte Rede
	1./2. Person	3. Person
Zeile 10		
10		
11		
12		
13		
14		
14		

Übung B 16

Trage in den Lückentext die richtigen Pronomen ein und unterstreiche wieder die Personalpronomen rot, die Possessivpronomen blau!

Der Konzertbesuch → indirekte Rede

Die Eltern gehen mit _ihrem_ Kind in ein Konzert. Am Eingang

sagt das Kind zu _ihrer_ Mutter, _Es_ freue

ihm so sehr darüber, dass _____ _____

Papi überredet habe, mit _ihm_ in das Konzert zu gehen. Die

Mutter antwortet, _sie_ habe dazu _ihm_

Papa nicht lange überreden müssen. _Er_ sei sofort

einverstanden gewesen, mit _ihm_ und _ihr_

hierher zu fahren, das könne _er_ _____

glauben. Und der Vater fügt hinzu, _sie_ bereue

_____ Entschluss nicht. _____ sei

_____ lieber, als wenn _____ allein gegangen

wäre. Übrigens sei _____ doch richtig gewesen, dass

_____ _____ Walkman zu Hause gelassen

habe, denn _____ dürften _____ nicht mit

hineinnehmen.

Trage nun die rot unterstrichenen Personalpronomen, die ja alle in der 3. Person stehen, in die noch offene Spalte der Tabelle in Übung B 15 ein!

Übungen
B 17

Vergleiche nun in der Tabelle B 15 die Personalpronomen, die im Text in der direkten, wörtlichen Rede verwendet wurden, mit denen, die du im Lückentext – indirekte Rede – eingesetzt hast!

B 18

Daraus kann man eine Übersicht erstellen, wie Personalpronomen dekliniert (= gebeugt = in die verschiedenen Personen und Fälle gesetzt) werden.

Deklination der Personalpronomen

Zur Auffrischung

Numerus	Singular					Plural		
Person	1.	2.	3.			1.	2.	3.
Genus	–	–	Mask.	Fem.	Neutr.	–	–	–
Kasus: Nom.	ich	du	er	sie	es	wir	ihr	sie
Gen.	meiner	deiner	seiner	ihrer	seiner	unser	euer	ihrer
Dat.	mir	dir	ihm	ihr	ihm	uns	euch	ihnen
Akk.	mich	dich	ihn	sie	es	uns	euch	sie

Achtung: Bei allen **gleich lautenden Formen** müssen Person, Genus, Numerus und Kasus jeweils aus dem **Textzusammenhang** ermittelt werden!

Du hast gesehen, dass sich neben den Personalpronomen auch die **Possessivpronomen verändern** (vgl. Übung B 16). Auch sie müssen bei der Umwandlung der direkten in die indirekte Rede in die **3. Person** gesetzt werden.

Stelle die im Text „Der Konzertbesuch" verwendeten Possessivpronomen (sie sind blau unterstrichen!) in einer Tabelle gegenüber!

Übung
B 19

direkte Rede	indirekte Rede

Übung B 20

Warum verändern sich in der Übung B 19 die beiden ersten Formen nicht?

Die wichtigsten Formen des Possessivpronomens

in der direkten Rede	in der indirekten Rede	
1. Person: mein 2. Person: dein	3. Person: sein ihr	**Singular**
1. Person: unser 2. Person: euer	3. Person: ihr	**Plural**

Auch hier gilt: Bei gleich lautenden Formen muss die gemeinte Form aus dem **Textzusammenhang** ermittelt werden. Vermeide solche Unklarheiten!

Ein Beispiel für einen schwachen, da missverständlichen Ausdruck:

Beispiel

Habt $\underset{a)}{\underline{ihr}}$ $\underset{b)}{\underline{ihr}}$ $\underset{c)}{\underline{ihr}}$ *Essen gegeben?*

a) Personalpronomen, Nominativ, 2. Person, Plural (= Anrede an mehrere Personen)
b) Personalpronomen, Dativ, 3. Person (Femininum), Singular (= die Katze)
c) Possessivpronomen, Akkusativ, 3. Person (Femininum), Singular (= das für sie bestimmte)

Übung B 21

Verändere den Satz so, dass keine gleich lautenden Formen mehr vorkommen, aber der Satzsinn erhalten bleibt!

Du hast in den Aufgaben B 11 bis B 19 geübt, dass sich die Pronomen bei der Umformung von der direkten in die indirekte Rede verändern:

1./2. Person → 3. Person

Diese Veränderung hat **weitere Folgen**!

Welche **Wortart** muss sich damit automatisch auch verändern?

Übung B 22

_____

In den folgenden Aufgaben geht es also darum, wie sich die **Verben in der indirekten Rede** verändern.

Veränderung des Verbs

Schlage noch einmal den Text „Die Entführung" (Übung B 13/S. 63 f.) auf und unterstreiche im Bericht des **Polizisten A.**, der in der _____ Rede verfasst ist, alle Prädikate (= Satzaussagen). Eine kleine Hilfe: Es sind 28 Prädikate enthalten! Es beginnt mit: „… _bin entführt worden_ …"

Übung B 23

Unterstreiche im Protokoll des **Polizisten B.** ebenfalls alle Prädikate (logisch: Es müssen auch hier 28 sein!).

Übung B 24

Trage in die folgende Tabelle die ersten <u>15 Prädikate</u> aus beiden Texten ein!

Polizist A. / direkte Rede	Polizist B. / indirekte Rede

Aus dieser Gegenüberstellung kannst du ablesen, dass sich **die Aussageweise (der Modus)** verändert hat.

a) Der Polizist A. gibt die Entführungsgeschichte des Herrn W. in der **direkten Rede** wieder, so, wie Herr W. die Geschichte erzählt hat, also in der **Wirklichkeitsform = Indikativ**.
Der Bericht des Polizisten A. wirkt unmittelbar und lebendig, ja fast spannend.

b) Der Polizist B. gibt die Aussage des Herrn W. in der **indirekten Rede** wieder und berichtet in seinem Protokoll von der Entführung in der **Möglichkeitsform = Konjunktiv I**. Der Bericht des Polizisten B. wirkt sachlich und distanziert.

Also:

Bei der Umwandlung der **direkten Rede** in die **indirekte Rede** oder umgekehrt verändern sich:

1. Das Pronomen
2. Die Personalform des Verbs
3. Der Modus des Verbs (Indikativ/Konjunktiv)

Regel

Die Verwendung des **Konjunktivs** macht erfahrungsgemäß Schülern (aber auch Erwachsenen!) große Schwierigkeiten. Darum versuchen viele Menschen den Konjunktiv zu vermeiden oder zu umschreiben. Manche verwenden ihn einfach falsch. Dir passiert das jetzt sicher nicht mehr!

Eindeutige Konjunktivformen gibt es nur in der **3. Person Singular**. Da bei der indirekten Rede der Sprecher fast immer in die 3. Person gesetzt wird, ist das eigentlich gar nicht so schwer!

Bildung des Konjunktivs I: Präsens, Perfekt und Futur

Erweitere die folgende Tabelle hier und auf der nächsten Seite durch eigene Beispiele!

Übung
me B 26

	Präsens	
	Indikativ	**Konjunktiv I**
Infinitiv	3. Pers. Sing.	3. Pers. Sing.
sagen	er sagt	er sage
glauben	er glaubt	er glaube
wissen	er weiß	er wisse
hoffen	er hofft	er hoffe
geben	er gibt	er gebe
laufen	er läuft	er laufe

	Präsens	
	Indikativ	**Konjunktiv I**
Infinitiv	3. Pers. Sing.	3. Pers. Sing

Wenn du jetzt genau hinsiehst, kannst du erkennen, nach welcher Regel der **Konjunktiv I Präsens** in der **3. Person Singular** immer gebildet wird:

> **Konjunktiv I, 3. Pers. Sing. = Infinitivform ohne -n**
> (er) **sage** (-n)
> (er) **gebe** (-n)

So kannst du von allen Verben den Konjunktiv I der Gegenwart (Präsens) bilden!

Forme die direkte in die indirekte Rede um!

a) Michael sagt: „Ich mache Hausaufgaben."

_____

b) Kim meint: „Ich laufe in die Stadt."

_____

c) Jan wendet ein: „Ich weiß das doch schon."

_____

d) Max bestätigt: „Ich höre genau zu."

_____

e) Aylin sagt: „Ich gehe zum Fußballplatz."

_____

f) Lena antwortet: „Ich gebe dir das Eintrittsgeld."

_____

Was würde sich an den Sätzen a – f der Übung B 27 in der indirekten Rede ändern, wenn die Redeeinführungen im Präteritum stünden (*sagte, meinte usw.*)?

Übungen  B 28

Was würde sich ändern, wenn sie im Futur stünden (*wird sagen, wird meinen usw.*)?

B 29

> Die indirekte Rede ist **unabhängig vom Tempus** der Redeeinführung!

Regel

Michael sagt,		*Beispiel*
Michael sagte,	*er **mache** Hausaufgaben.*	
Michael wird sagen,		

Im nächsten Abschnitt geht es nun noch darum, wie die **Möglichkeitsform** im **Perfekt** und **Futur** gebildet wird. Mit diesen Begriffen werden zwei Zeitformen des Verbs bezeichnet. Diese hast du **für den Indikativ** sicherlich schon in der Schule kennen gelernt.

Indikativ Futur: Zeitform der Zukunft, mit der du ausdrücken kannst, was sein wird.   *Zur Auffrischung*

Bildung: Form von *werden* +   Infinitiv

Ich werde   schlafen.   *Beispiele*
Sie wird   aufwachen.

Indikativ Perfekt: Zeitform der vollendeten Vergangenheit, mit der du ausdrücken kannst, dass etwas abgeschlossen ist, aber noch Bezug zur Gegenwart hat.

Bildung: flektierte (gebeugte) Form von
          haben oder *sein* + Partizip Perfekt

Ich habe   geschlafen.   *Beispiele*
Sie ist   aufgewacht.

Es ist nun ein **Unterschied**,

a) *ob Michael gerade Hausaufgaben macht,*
b) *ob Michael vorher Hausaufgaben gemacht hat,*
c) *ob Michael demnächst Hausaufgaben machen wird.*

Danach richtet sich, ob in der indirekten Rede der

a) **Konjunktiv Präsens:** er mache Hausaufgaben
b) **Konjunktiv Perfekt:** er habe Hausaufgaben gemacht
c) **Konjunktiv Futur:** er werde Hausaufgaben machen

verwendet werden muss!

Hast du schon erkannt, wie der **Konjunktiv** für **Futur** und **Perfekt** in der **3. Person Singular** gebildet wird?

Konjunktiv Futur:

Infinitivform von *werden* **ohne** die Endung **-n** + **Infinitiv**

Beispiel | *er werde (-n)   schlafen*

Konjunktiv Perfekt:

Infinitivform von *haben* oder *sein* **ohne** Endung **-n** + **Partizip Perfekt**

Beispiele | *er habe (n)   geschlafen*
                                                  er sei (n)   aufgewacht

Auch die **anderen Personen** werden im **Konjunktiv Futur** ausgehend vom Infinitiv *werden* **ohne** Endung **-n** + **übliche Endungen** gebildet, also:

Beispiel | *ich werde   schlafen*
du werde-st
…
ihr werde-t

… oder im **Konjunktiv Perfekt** ausgehend vom Infinitiv *haben* oder *sein* **ohne** Endung **-n** + **übliche Endungen** + **Partizip Perfekt**

Beispiel | *ich habe   geschlafen*
du habe-st
…
ihr habe-t

Dazu die folgende Übung:

Die Klassenkonferenz

Die Klassenkonferenz ist zusammengetreten, um darüber zu beraten, warum Michael in den letzten Wochen einen so starken Leistungsabfall zu verzeichnen hat. Über die Ursachen sind die Lehrerinnen und Lehrer verschiedener Meinung: Einige sind davon überzeugt, es handle sich um einen

Leistungsabfall, der durch die Reifeentwicklung zwar nicht zu entschuldigen, aber doch zu erklären sei. Auch in den vergangenen Jahren habe man diese entwicklungsbedingte Phase bei Schülern als Ursache

für mangelnde Leistungsbereitschaft festgestellt. Diese Leistungsschwankung werde auch bei künftigen Schülergenerationen auftreten, wenn die Schüler in einem bestimmten Alter seien.

Andere Lehrer betonen dagegen, die mangelhaften Leistungen von Michael seien auf die augenblickliche Faulheit des Schülers zurückzuführen. Gerade dieser Schüler habe auch in den vergangenen Schuljahren immer wieder Phasen gehabt, in denen er nichts für die Schule getan habe. Man müsse deshalb jetzt dafür sorgen, dass Michael fleißiger arbeite. Er müsse wissen, dass er auf diese Art keinen vernünftigen Schulabschluss erreichen werde.

Schreibe unten alle Verbformen dieses Berichts zusammen, die folgende Konjunktive enthalten:

a) Konjunktiv Präsens (für **Gleichzeitigkeit**)

_____

_____

_____

_____

b) Konjunktiv Perfekt (für **Vorzeitigkeit**)

_____

_____

_____

c) Konjunktiv Futur (für **Nachzeitigkeit**)

_____

_____

Gebrauch des Konjunktivs I: Perfekt und Futur

Wann verwendet man denn genau den **Konjunktiv I Perfekt** und **Futur** in der **indirekten Rede**?

Wenn du die wörtliche Rede, die in einer der drei Vergangenheitsformen – dem Präteritum, dem Perfekt oder dem Plusquamperfekt – steht, in die indirekte Rede umwandelst, gilt Folgendes:

Regel

Für **alle Vergangenheits-Zeitformen** der wörtlichen Rede verwendest du bei der Umwandlung in die indirekte Rede den **Konjunktiv I Perfekt**.

Beispiel

Indikativ		**Konjunktiv I / indirekte Rede**
Sie sagt: „Er schwieg.“	(Präteritum)	Sie sagt, *er habe geschwiegen.*
Sie sagt: „Er hat geschwiegen.“	(Perfekt)	Sie sagt, *er habe geschwiegen.*
Sie sagt: „Er hatte geschwiegen.“	(Plusquamperf.)	Sie sagt, *er habe geschwiegen.*

Regel

Wenn die wörtliche Rede im **Futur** steht, dann verwendest du bei der Umwandlung in die indirekte Rede den **Konjunktiv I Futur**.

Beispiel

Indikativ	**Konjunktiv I**
Sie sagt: „Er wird schweigen.“	Sie sagt, *er werde schweigen.*

Übung B 31

Wandle die Sätze a bis d in die indirekte Rede um! Verwende den richtigen Konjunktiv I!

a) Er meint: „Ich habe wohl geschlafen.“
b) Sie sagte: „Das hatte ich doch schon einmal erlebt.“
c) Er erwiderte: „Das wird bestimmt nicht mehr vorkommen.“
d) Sie antwortete lachend: „Das sagtest du damals auch schon.“

Konjunktiv II als Ersatzform

Übung B 32

Stelle einmal die Formen Indikativ Präsens sowie Konjunktiv I von *haben* nebeneinander!

	Person	Indikativ Präsens	Konjunktiv I
Singular	1	ich habe	
	2		
	3		er habe
Plural	1		
	2		
	3		

Unterstreiche die gleich lautenden Formen des Indikativs und des Konjunktivs I farbig!

Der Modus der indirekten Rede ist grundsätzlich der **Konjunktiv I**.
Wenn sich die Formen des Konjunktivs nicht von den Formen des Indikativs unterscheiden, treten an ihre Stelle die Formen des **Konjunktivs II**.

Wie der **Konjunktiv II** grundsätzlich gebildet wird, kannst du im Kapitel B/2 (ab S. 89) zum **Konjunktiv II** nachlesen. An dieser Stelle genügen zunächst die Formen des **Konjunktivs II** für *haben*.

Indikativ Präsens	Konjunktiv I	Konjunktiv II
ich habe	ich habe	ich hätte
du hast	du habest	du hättest
er hat	er habe	er hätte
wir haben	wir haben	wir hätten
ihr habt	ihr habet	ihr hättet
sie haben	sie haben	sie hätten

a) Unterstreiche in folgendem Text alle Pronomen schwarz, die bei der Umwandlung von der direkten in die indirekte Rede geändert werden müssen!
b) Unterstreiche alle Verbformen farbig, die bei der Umwandlung zur indirekten Rede in den Konjunktiv gesetzt werden müssen!

Das Schulfest

Max kommt vom Schulfest nach Hause und erzählt:
„Ich war mit Aylin auf dem Schulfest. Am besten gefielen uns die Tanzvorführungen. Wir haben unheimlich viel Spaß gehabt. Am meisten lachten wir über Herrn Röper, unseren Mathelehrer, der das Tanzen auch versuchte, es aber gar nicht konnte. Später spielten noch der Fanfarenzug und die Band der Musikschule und sie brachten eine tolle Stimmung auf das Fest. Wir wollten eigentlich noch länger bleiben, aber Aylin und Kim mussten nach Hause gehen."

Übungen B 35

Forme nun den Text in die indirekte Rede um!
Max kommt vom Schulfest nach Hause und erzählt, er …

B 36

Unterstreiche in deinem Text die Formen des Konjunktivs II, die du verwenden musstest, weil die entsprechenden Formen des Konjunktivs I genauso lauten, wie die des Indikativs! (Es müssten insgesamt 7 Konjunktive II sein!)

Übung me B 37

Sieh dir noch einmal in der Tabelle S. 79 die gleich lautenden Formen von Indikativ und Konjunktiv I und ihre jeweiligen Ersatzformen (Konjunktiv II) an. Wie heißen nun die Konjunktivformen des Verbs *haben* in der indirekten Rede korrekt? Unterstreiche die jeweiligen Ersatzformen des Konjunktivs II farbig!

ich _____

du _____

er/sie _____

wir _____

ihr _____

sie _____

Umformung in die indirekte oder direkte Rede

Übung B 38

Setze folgenden Text in die indirekte Rede!
Er stammt aus dem Jugendbuch von Boy Lornsen:

Originaltext

Feuer um Mitternacht

„Was wissen Sie über Sönderup?" fragte Bank. „Er war ein Außenseiter", antwortete Tackert, „mit dem das Dorf nicht recht fertig wurde. Er war ein Sonderling, der sich wenig um andere kümmerte. Er war meistens schroff, konnte aber auch überraschend liebenswürdig sein. Eigentlich kein Ekel, jedenfalls habe ich ihn nicht für eins gehalten. Sönderup ist in jungen Jahren von einer

Nachbarinsel herübergekommen und wurde von einem kinderlosen Ehepaar adoptiert. Er war Sparkassenleiter, als solcher nicht beliebt, aber ungewöhnlich tüchtig in seinem Fach. Er spekulierte glücklich in Aktien, wurde immer gesagt. Er vermietete nicht an Sommergäste – das gilt in Tarrafal als Zeichen für besonderen Wohlstand. Alles zusammen: Ein Mann, der sich nicht seiner Umgebung anpaßte, der gegen den Strom schwamm und darum Gerede und Neider auf sich ziehen mußte." …

Welche Schwierigkeiten hattest du bei der Verwendung der Personalpronomen?

Übungen B 39

Vergleiche die beiden Texte: Wie wirken sie auf dich?

B 40

Die **direkte Rede** vermittelt **Anschaulichkeit, Lebendigkeit** und **Spannung**. Sie ist deshalb ein notwendiger Bestandteil z. B. von Erzählungen, Erlebnisberichten oder Reportagen.

Probiere die Umformung der **folgenden Kurztexte** in die indirekte Rede! Was stellst du fest? Für welche Form der Wiedergabe würdest du dich entscheiden? Warum?

Übung B 41

„Warum musstest du heute nachsitzen?" „Ich habe mich geweigert jemanden zu verpetzen!" „Aber das ist doch richtig! Worum ging's denn?" „Ach, mein Lehrer wollte von mir wissen, wer der Mörder von Julius Caesar war!"

Paulchen läuft weinend zur Mutter: „Vati hat sich mit dem Hammer auf den Daumen gehauen." Die Mutter tröstet ihn: „Aber deshalb musst du doch nicht weinen." „Zuerst habe ich ja auch gelacht!"

Bei **Scherzen** oder **Witzen** muss die **direkte Rede** erhalten bleiben, weil nur so die Pointe – der Witz – herauskommt. Bei einer Wiedergabe in der indirekten Rede wird die Pointe zerstört!

Unterstreiche in folgendem Bericht alle Konjunktivformen farbig.

Übung B 42

Am 14. März 1997 erschien in der Wochenzeitschrift *Die Woche* der Bericht *Rückzug ins Getto*. Es geht um das Vorhaben von Innenminister Kanther, die Visumspflicht für türkische Jugendliche einzuführen. Darin heißt es u. a.:

[…] Aber auch so befürchten türkische Verbände, dass zahlreiche Jugendliche Deutschland verlassen müssen. Warum, fragen sie, hätte Kanther seine Verordnung sonst wohl erlassen? „Dahinter steckt Methode", vermutet Hakki Keskin, Vorsitzender der Türkischen Gemeinde in Deutschland, „das ist ein bewusstes Signal." Mit keiner Maßnahme habe Bonn in den letzten Jahren die Integration gefördert, kritisiert Keskin. „In wirtschaftlicher und sozialer Not werden mal wieder die Schwächsten zu Sündenböcken gestempelt."

Auch Cem Özdemir, Bundestagsabgeordneter der Grünen und selbst eingebürgerter Türke, ist überzeugt, dass die Zahl von über 300 illegal einreisenden „unbegleiteten Minderjährigen" pro Jahr, die Kanther nennt, nur ein Vorwand sei. Viel schlimmer sei die Verunsicherung der hier lebenden Jugendlichen: „Die erleben sich immer nur als Belastung. Für extremistische Gruppen ist das ein gefundenes Fressen."

Die Berliner Ausländerbeauftragte Barbara John (CDU), die seit 15 Jahren für die Integration der Ausländer ficht, hält dagegen Kanthers Erlass nur für eine „klitzekleine Zumutung". Schon jetzt gelte die Visumspflicht für 1,4 Millionen Jugendliche aus anderen Staaten, auch türkische Jugendliche unterlägen ihr mit 16 Jahren. Entscheidend sei jedoch, so John, „dass sich die Eltern endlich entscheiden, wo ihre Kinder hingehören", und dass sie sie nicht mehr in großer Zahl zwischen Deutschland und der Türkei hin- und herschöben. „Mit Zwang", kontert ihre Kreuzberger Kollegin Josten, „erreicht man gar nichts. Diese Kids leben nun mal zwischen den Welten." […]

Übung B43

Forme die indirekte Rede in die direkte Rede um.
Beginne so:

Einzelne türkische Verbände fragen: *„Warum hat Kanther …?"*

Beachte bei der Bearbeitung der Aufgabe:

a) **Zeichensetzung** in der direkten Rede!
b) richtige **Tempusbildung**!
c) richtige **Umwandlung der Personalpronomen**!

Vermutlich wirst du Folgendes festgestellt haben:

Der ursprüngliche Zeitungstext ist zum Großteil in der Form der **indirekten Rede** verfasst und ist damit distanzierter und sachlicher, er klingt „besser".
(Das liegt natürlich auch daran, dass du diese Form der Nachrichtenweitergabe, der Information durch die Medien so gewöhnt bist!)

Die Anwendungsgebiete für die **indirekte Rede** liegen vor allem:

a) in Protokollen

b) in Berichten (v. a. in Medien)

c) in Nachrichtentexten

d) in Inhaltsangaben

Die **indirekte Rede** zielt auf **Straffung und Zusammenfassung** von Gesprächen und auf die Wiedergabe von Gesagtem mit einer **sachlichen Distanz**.

Ein weiteres Beispiel dafür, welche Form der **Redewiedergabe** angemessen ist, ist …

das Interview.

Im Folgenden ein Auszug aus einem **Interview** mit dem **Schriftsteller Heinrich Böll**, das der Journalist W. Koch führte:

„Herr Böll, wie schreiben Sie, wann schreiben Sie, wo schreiben Sie – …?" *Originaltext*

„Ich arbeite sehr langsam, schreibe aber sehr schnell, meistens tagsüber, sagen wir morgens zwischen 10 und 2, um die Frage „wie" und „wann" zu beantworten. Das „Wo" ist mir bis heute, ich weiß nicht, wie das im kommenden Alter sein wird, ziemlich gleichgültig. Ich brauche ein Zuhause, aber dieses Zuhause ist schnell erstellt – ich brauche eigentlich nur einen Tisch, der nicht wackelt, einen Stuhl, der zum Tisch paßt, und in der Nähe eine Gelegenheit, um mir die Hände zu waschen – nicht viel mehr."

„Nun noch das „Wie" bitte, schreiben Sie mit der Hand, mit dem Federhalter, mit der Maschine?"

„Ach, Sie meinen das. Ja, ich schreibe meistens sofort in die Maschine, korrigiere aber dann – und die Korrekturen nehmen einen großen Teil ein – mit der Hand, mit einem Bleistift."

„Sie fangen einen Roman an und schreiben ihn nicht zu Ende – hat es das auch schon gegeben?"

„Ja, das hat es gegeben. Es hat auch den Fall gegeben, daß ich einen Roman zu Ende geschrieben und nicht publiziert (veröffentlicht) habe – beides."

Setze diesen Teil des Interviews in die indirekte Rede! Ergänze jeweils die Redeeinführungen so:

Koch fragte Böll, wie er schreibe …
Böll antwortete, er arbeite … usw.

Übung B44

Übung B 45

Vergleiche das Interview mit deiner Übertragung in die indirekte Rede.

a) Welche Wirkung üben die verschiedenen Texte auf den Leser aus?

b) Für welche Form der Wiedergabe würdest du dich entscheiden? Begründe deine Meinung!

Übung me B 46

Bei der Wiedergabe von Dialogen oder Gesprächen in der indirekten Rede benötigst du eine große Zahl von **Verben zur Redeeinführung**, um die Wiedergabe sprachlich möglichst abwechslungsreich und angemessen gestalten zu können!

Suche weitere Verben! (Im Lösungsteil stehen ca. 40 Verben, mindestens die Hälfte solltest du selbst finden, ehe du nachsiehst!!)
Beispiele:

sagen, sprechen, antworten,…

_____

_____

_____

_____

_____

_____

_____

_____

Satzfragen und Imperativ

Bisher hast du die Umwandlung von der direkten in die indirekte Rede (bzw. umgekehrt) fast ausschließlich anhand von **Aussagen** oder **Aussagesätzen** geübt.

In den folgenden Beispielen kannst du üben, wie

a) **Fragesätze** und

b) **Aufforderungssätze/Befehlssätze**

umzuwandeln sind.

Was ist denn das: Fragesatz, Aufforderungs- und Befehlssatz?, wirst du dich vielleicht jetzt fragen. Daher an dieser Stelle eine kurze Wiederholung der genannten Satzarten in der direkten Rede.

Beim **Fragesatz** gibt es zwei **Typen**:

Zur Auffrischung

1) **Entscheidungsfrage:**

Die **Personalform des Verbs** steht an der **ersten Stelle** des Satzes, am Ende des Satzes ein **Fragezeichen**. Derjenige, der antwortet, hat sich zu entscheiden zwischen *ja, nein* – oder auch *vielleicht* (u. Ä.).

Willst du heute zum FC mitkommen? | *Beispiel*

2) **Ergänzungsfrage** oder **W-Frage:**

An **erster Stelle** steht ein **Fragewort** (*Wer, Was, Wann, Wo, Wieso* etc.), **an zweiter Stelle** die **Personalform des Verbs** und am **Ende** ein **Fragezeichen.** Hier muss der Antwortende das, wonach gefragt ist, in seiner Erwiderung sozusagen ergänzen.

Wie viel kosten diese Inlineskates? | *Beispiel*

Aufforderungs- oder Befehlssatz:

An **erster Stelle** steht die **Personalform des Verbs** im **Imperativ** und am Schluss ein **Ausrufezeichen.**

Gib mir 48 Stunden Zeit! | *Beispiel*

So, jetzt ein Beispiel für die **Umwandlung von Fragesatz und Aufforderungssatz** von der **direkten** in die **indirekte Rede.**

Direkte Rede: *Beispiele*

a) Jan fragt: „Mutti, *kommst du gleich zurück?*"
b) Mutter antwortet: „*Komm doch mit!*"

Indirekte Rede:

a) Jan fragt die Mutter, *ob sie gleich zurückkomme.*
b) Mutter antwortet, er *solle doch mitkommen.*

1. **Satzfragen** – ohne einleitendes Fragewort – werden in der indirekten Rede mit *ob* eingeführt.

   Aber: Dies gilt **nicht** für so genannte **W-Fragen**
   (**Wann** kommst du zurück? – Er fragt, **wann** sie zurückkomme.)

2. Der **Imperativ** (Aufforderung oder Befehl) wird in der indirekten Rede mit *sollen* oder *mögen* umschrieben.

Stelle dir vor, du wärst Gerichtsreporter und müsstest über die folgende Gerichtsverhandlung einen Bericht schreiben:

(R = Richter, A = Angeklagter)

R: Wann haben Sie beschlossen das Auto zu stehlen?

A: Ich habe das eigentlich gar nicht beschlossen, es kam so über mich. Können Sie das verstehen?

R: Erzählen Sie keine Märchen! Sie haben Ihrer Freundin doch versprochen sie mit einem Porsche abzuholen. Haben Sie diese Aussage schon wieder vergessen? Da Sie keinen Porsche besitzen, mussten Sie sich doch einen besorgen. Wollten Sie einen kaufen?

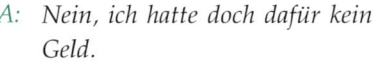

A: Nein, ich hatte doch dafür kein Geld.

R: Also wollten Sie doch stehlen?

A: Irgendwie wollte ich mir schon einen Porsche billig besorgen.

R: Bleiben Sie bei der Wahrheit!

A: Ich geb's ja zu, ich wollte einen Superschlitten klauen.

R: Würden Sie das bitte noch einmal laut wiederholen?

A: Hören Sie schlecht?

R: Angeklagter, seien Sie still! Ich muss Sie sonst wegen Missachtung des Gerichts bestrafen.

A: Na schön, ich gebe den Diebstahl zu. Was bekomme ich denn dafür?

R: Hat der Staatsanwalt noch Fragen? Das ist nicht der Fall. Das Gericht zieht sich zur Beratung zurück.

Übung B 47

a) Rahme mit einem roten Stift alle **Fragezeichen** ein – hier handelt es sich um **Fragesätze.**

b) Rahme mit einem blauen Stift alle **Ausrufezeichen** ein – hier handelt es sich um **Aufforderungssätze.**

Übung B 48

Gib das Gespräch nun in der **indirekten Rede** wieder!

Achte dabei auf alle Regeln, die du zur Wiedergabe von Gesprächen in der **indirekten Rede** gelernt hast:

a) **Satzfragen** werden mit *ob* eingeleitet!

b) **Imperative** werden mit *sollen* umschrieben!

c) **Satzzeichen** verändern sich: Doppelpunkte und Anführungszeichen verschwinden, ebenso Frage- und Ausrufezeichen!

d) **Personalpronomen** der 1. und 2. Person werden in die **3. Person** gesetzt!

e) Bei den **Verben** muss der **Konjunktiv I** verwendet werden! (Ist die Form des Konjunktivs I gleich mit der Form des Indikativs, musst du den Konjunktiv II verwenden!)

Denke auch daran: Verwende die **Verben der Redeeinführung** (siehe Übung B 46) recht abwechslungsreich!

Du hast in der Regel über die Umschreibung des Imperativs der direkten Rede in der indirekten Rede gelernt, dass man entweder mit *sollen* oder mit *mögen* umschreibt. (s. S. 85)

Für welche der zwei Möglichkeiten würdest du dich bei den folgenden Sätzen jeweils entscheiden?

Übung
B 49

1. Der Richter fordert den Angeklagten auf,
   a) er solle bei der Wahrheit bleiben.
   b) er möge bei der Wahrheit bleiben.

2. Der Feldwebel befiehlt dem Soldaten,
   a) er solle die Wahrheit sagen.
   b) er möge die Wahrheit sagen.

3. Der Lehrer bittet das Kind,
   a) es solle die Wahrheit sagen.
   b) es möge die Wahrheit sagen.

1. Der Richter fordert den Angeklagten auf,

   _____

   _____

2. Der Feldwebel befiehlt dem Soldaten,

   _____

   _____

3. Der Lehrer bittet das Kind,

   _____

   _____

   _____

   _____

Übung B 50

Wovon hängt also der umschreibende Gebrauch der Verben *sollen* oder *mögen* in einem Aufforderungs- bzw. Befehlssatz in der indirekten Rede ab?

_____

_____

_____

_____

_____

_____

Übung B 51

Setze in den folgenden Beispielsätzen die richtige Umschreibung – *sollen* oder *mögen* – ein:

1. Auf dem Fußballplatz ruft Max Jan zu, er _____ doch endlich den Ball abgeben.

2. Die Leihbücherei ermahnt Aylin, sie _____ bitte bis Donnerstag die ausgeliehenen Bücher zurückgeben.

3. Der Lehrer schimpft mit Michael, er _____ Jan nicht schlagen.

4. Aylin fordert Anne auf, sie_____ sie doch einmal besuchen.

5. Der Verkäufer schreit, man_____ den Dieb halten.

Allgemeine Regeln zur direkten und indirekten Rede

direkte/wörtliche Rede

1. **Abwechslung** in der Wahl der **Verben der Redeeinführung**; sie dienen u. a. zur **Charakterisierung** des Sprechers.
2. Zur **Zeichensetzung:**
   - Die direkte Rede steht immer nach einem **Doppelpunkt**.
   - Sie steht immer zwischen **Anführungszeichen**.
   - In der direkten Rede **Kommaregeln** bei Einschüben beachten.
   - **Groß-** und **Kleinschreibung** beachten bei voran- und nachgestellter Redeeinführung.

indirekte/berichtende Rede

1. **Abhängigkeit** von einleitendem Satz bzw. Redeeinführung.
2. Es muss grundsätzlich immer der **Konjunktiv I** (Präsens/Perfekt/Futur) gebraucht werden.
3. Bei **Übereinstimmung** des Konjunktivs I mit dem Indikativ: Gebrauch des **Konjunktivs II.**
4. Das **Tempus** in der indirekten Rede ist **unabhängig** vom Tempus der Redeeinführung, aber **beachten: Vor-, Gleich-, Nachzeitigkeit!**
5. Der **Imperativ** wird mit *sollen* oder *mögen* umschrieben.
6. **Satzfragen ohne Fragewort** werden mit *ob* eingeleitet.
7. **Pronomen** (Personal- und Possessivpronomen) in der 1. und 2. Person der direkten Rede werden fast immer in die **3. Person** gesetzt (vgl. Ausnahme S. 66).

2. Konjunktiv II

Bildung und Gebrauch

Max und Aylin unterhalten sich darüber, wozu der **Konjunktiv II** denn überhaupt benötigt wird.

M: *Ich glaube, ich weiß, wofür der Konjunktiv II gebraucht wird: Im Spiel der indirekten Rede ist der Konjunktiv II sozusagen der Einwechselspieler, wenn der Konjunktiv I seine Leistung nicht mehr bringt.*

A: *Mmmh, schön gesagt, aber ich glaube, das trifft ja nur auf die indirekte Rede zu.*

M: *Ja und?*

A: *Das ist nicht alles. Wie hat der Frisch heute in Deutsch noch gesagt ... den Konjunktiv II gebraucht man für die Wünsche und die Nichtwirklichkeit ... oder so ähnlich.*

M: *Da braucht man den Konjunktiv I nicht?*

A: *Um in deinem Fußballbild zu bleiben: Der Konjunktiv II hat in diesem Spiel einen mega-sicheren Stammplatz.*

Aylin denkt schon in die richtige Richtung.

Wenn jemand – abgesehen von der indirekten Rede – den **Konjunktiv II** verwendet, so zeigt er damit an, dass er das, was er sagt, **nicht für wirklich** hält, sondern es sich nur **vorstellt**.

Oder er drückt damit aus, dass er sich etwas **wünscht**, was aber **nicht** (mehr) **in Erfüllung** gehen kann.

Beispiele | *Wäre ich doch heute Morgen nur früher aufgestanden!*

Hätte ich doch zwei Flügel!

Lies dazu zunächst folgendes Gedicht:

Originaltext | **Verteidigung des Konjunktivs**

Die Umfunktionierer
unserer Sprache
nennen ihn überflüssig und veraltet

Sie plädieren
für seine Abschaffung
mit dem Hinweis
auf seine Schwierigkeiten

Doch wie drückt man
(beispielsweise)
Wünsche aus
im Indikativ?

Könnten wir uns abfinden
mit einer Sprache
ohne Flügel?

A. Janetschek

Übung B 52

Kannst du die Ansicht der *Umfunktionierer unserer Sprache* nachvollziehen?

Vielleicht hilft dir dabei der folgende Text:

Ich stelle mir vor, Mutter büke einen Kuchen und vergäße, ihn aus dem Backofen zu nehmen. Daraufhin quölle er über und der Teig flösse auf den Boden. Ich fände ihn dort und würfe ihn weg. Mutter käme nach Hause und würde sagen, ich löge ihr diese Geschichte nur vor, weil ich so gerne Kuchen äße und das hätte ich sicher getan. Schrecklich, diese Vorstellung!

Unterstreiche alle Konjunktivformen in diesem Text!

Durch den **Konjunktiv II** macht der Sprecher deutlich, dass er sich einen Sachverhalt nur ausdenkt oder dass dieser Sachverhalt nicht wirklich ist.

→ **gedachte Möglichkeit**

→ **Nichtwirklichkeit**

Vielleicht kennst du schon die Fremdwörter *potenziell* und *irreal*. *Potenziell* heißt *möglich*, *irreal* heißt *nicht wirklich, unwirklich*. Daher wird der Konjunktiv II auch als **Konjunktiv Potentialis** und **Irrealis** bezeichnet.

Ich fand den Teig. = **Tatsache,** Aussage in der **Wirklichkeitsform**
Ich fände den Teig. = **gedachte Möglichkeit, Nichtwirklichkeit** (ich stelle mir vor, …)

Beispiele

Möchte der Sprecher ausdrücken, dass sich seine Aussage über die gedachte Möglichkeit bzw. die Nichtwirklichkeit auf Nichtvergangenes, also auf die **Gegenwart** oder die **Zukunft** bezieht, dann benutzt er die **einfache Form** des Konjunktivs II (= den **Konjunktiv II der Gegenwart**).

Wie sähest du aus, wenn du dich schminktest?
Ich wollte, alle wären gerecht zu mir.

Beispiele

Hast du an Beispielsätzen schon bemerkt, wie du die richtige grammatische Form des **einfachen Konjunktivs II** findest?

Leite den **einfachen Konjunktiv II** vom **Präteritum** (also von der Vergangenheitsform im Indikativ) des jeweiligen Verbs ab.

Der **einfache Konjunktiv II** ist bei vielen Verben mit dem **Präteritum** identisch.

	Infinitiv	Präteritum	einfacher Konjunktiv II
Beispiele	*wollen*	*ich **wollte***	*ich **wollte***
	schminken	*du **schminktest***	*du **schminktest***
	lernen	*sie **lernte***	*sie **lernte***

Es handelt sich hier um so genannte **schwache Verben**, da der Verbstamm sich durch die Konjugation nicht verändert. Das nennt man „**schwach**".

Es gibt auch einige Verben, bei denen die Bildung des **einfachen Konjunktivs II** nicht ganz so einfach ist.

	Infinitiv	Präteritum	einfacher Konjunktiv II
Beispiele	*aussehen*	*du **sahst** aus*	*du **sähest** aus*
	geben	*ich **gab***	*ich **gäbe***
	lügen	*er **log***	*er **löge***
	sein	*sie **waren***	*sie **wären***

Es geht um die Verben, deren Verbstamm sich vom Infinitiv zum Präteritum **verändert:** *geb-* zu *gab-*, *gewinn-* zu *gewann-* oder *lüg-* zu *log-*. Diese Verben werden – weil sie sich **stark** verändern – **starke Verben** genannt.

Hier musst du den Vokal des Verbs im Präteritum im **einfachen Konjunktiv II** in die **Umlautform** umwandeln.

Finde zu den – **schwachen** und **starken** – **Verben** in der Tabelle auf der nächsten Seite den **einfachen Konjunktiv II**! Fülle dazu die 2. und 3. Spalte der Tabelle aus.

Beschränke dich in dieser Übung nur auf die **3. Pers. Sing.**

Die letzte Spalte lass zunächst noch unbearbeitet.

Infinitiv	Präteritum (3. Pers. Sing.)	einfacher Konjunktiv II (3. Pers. Sing.)	umschreibender Konjunktiv II (3. Pers. Sing.)
reden	redete	redete	hätte geredet
schnarchen			hätte geschnarcht
borgen			hätte geborgt
schwätzen			hätte geschwätzt
rudern			hätte gerudert
schaffen			hätte geschafft
biegen			hätte gebogen
sprechen			hätte gesprochen
sitzen			hätte gesessen
saugen			hätte gesaugt

Möchte der Sprecher ausdrücken, dass sich seine Aussage über die gedachte Möglichkeit bzw. die Nichtwirklichkeit auf **Vergangenes** bezieht, dann benutzt er die **umschreibende Form des Konjunktivs II** (= den **Konjunktiv II der Vergangenheit**).

Ich stelle mir vor, Mutter hätte Kuchen gebacken.
Es wäre schön gewesen, wenn das Auto rot gewesen wäre.

Beispiele

Auch hier stellt sich jetzt die Frage, wie du die richtige grammatische Form des **umschreibenden Konjunktivs II** finden kannst.

Leite den **umschreibenden Konjunktiv II** vom **Plusquamperfekt** (also von der Vorvergangenheitsform im Indikativ) des jeweiligen Verbs ab.

So wird das **Plusquamperfekt** gebildet:
flektierte (= gebeugte) Form von *haben* oder *sein* im Präteritum + **Partizip Perfekt**

Zur Auffrischung

sie hatte	*gebacken*
es war	*gewesen*
sie waren	*gelaufen*

Beispiele

Die **Bildung des umschreibenden Konjunktivs II** erfolgt für **schwache** und **starke Verben gleich.** Dabei bleibt das **Partizip Perfekt unverändert.** Du musst nur die flektierte Form von *haben* oder *sein* wieder durch Umlaut verändern.

Plusquamperfekt	**umschreibender Konjunktiv II**
ich **hatte** gekauft	ich *hätte* gekauft
du **hattest** gesessen	du *hättest* gesessen
es **war** gemacht	es *wäre* gemacht
sie **waren** gelaufen	sie *wären* gelaufen

Übung B 54

Finde den umschreibenden Konjunktiv II (Vergangenheit) zu den Verben in Übung B 53. Ergänze die 4. Spalte der Tabelle in B 53/S. 93!

Umschreibung für den Konjunktiv II

Du weißt jetzt, wie man die Konjunktivformen bildet, aber wann setzt man sie sinnvoll ein? Dazu gehen wir noch einmal zurück zum Beginn dieses Kapitels.

Übungen B 55

Schau dir noch einmal den Text aus Übung B 52/S. 91 an.
a) Warum würdest du den Text so nicht schreiben?
b) Welche Formen würdest auch du verwenden?

B 56 Schreibe nun den Text aus Übung B 52 einmal so auf, wie **du** ihn formulieren würdest!

Ich stelle mir vor, Mutter würde …

B 57 Setze diesen Text in die **Vergangenheit!**

Ich stellte mir vor, Mutter hätte …

B 58 Versuche nun einmal – so wie der Autor Janetschek zu Beginn dieses Kapitels in seinem Gedicht es zum Ausdruck bringt – Vorstellungen und Wünsche zu formulieren, ohne den Konjunktiv zu verwenden!

Zum Beispiel: *Was wäre, wenn ich zaubern könnte?*

a) Wie oft hast du in deinem Text doch den Konjunktiv verwendet? Warum?
b) Wie oft hast du den Konjunktiv mit *ich würde* umschrieben?
c) Hast du auch Wünsche im Indikativ geschrieben – als Aussagen in der Wirklichkeitsform?

In vielen Fällen ist es also verständlich, dass man den Konjunktiv II lieber **umschreiben** will. Hier lernst du Möglichkeiten, wie das geschehen kann:

1. *würde* + Infinitiv

Beispiele

Statt → *Ich käme, wenn ich Zeit hätte.*
Umschreibung: *Ich würde kommen, wenn ich Zeit hätte.*
Statt → *Ich kaufte mir ein Fahrrad, wenn ich Geld hätte.*
Umschreibung: *Ich würde mir ein Fahrrad kaufen, wenn ich Geld hätte.*

In der Alltagssprache wird diese Form der **Umschreibung oft gebraucht,** weil manche Konjunktivformen als gekünstelt und veraltet empfunden werden. Viele Leute haben diese Formen auch gar nicht mehr richtig gelernt! Verschiedene Formen des Konjunktivs sind daher – vor allem in der Umgangssprache – vom „Aussterben" bedroht. Zudem unterscheiden sich – wie du ja weißt – einige Formen des Konjunktivs nicht von denen des Indikativs. Dann wird er häufig umschrieben. So kommt es, dass allmählich auch da die **Umschreibung** verwendet wird, wo es eigentlich eine gültige Konjunktivform gibt.

Aber: Liebhaber klanglich schöner Sprache und Verfechter der historisch gewachsenen Sprachnormen lehnen diese Umschreibungsmöglichkeit ab. Wenn dein Deutschlehrer dazu gehört, ist der Gebrauch des Konjunktivs allemal geschickter!

2. Modalverben

Der **Konjunktiv** kann auch mithilfe von **Modalverben umschrieben** werden (*mögen, können, dürfen, wollen, sollen, müssen*).

Beispiele

Was auch kommen möge, ich halte durch.
Die Arbeit könnte bald beendet sein.
Das Buch dürfte wohl nicht zu schwer sein.
Das wolle Gott verhüten.
Sollte ich nicht können, sage ich Bescheid.
Er sagt, du müsstest ganz vorsichtig sein.

Übungen zum Konjunktiv der Gegenwart und der Vergangenheit

Nun kennst du alle Formen – einschließlich der Ersatzformen – für den Konjunktiv II der Nichtwirklichkeit.

Ergänze in der folgenden Tabelle die fehlenden Formen des **Konjunktivs II!**

Konjunktiv II
– Nichtwirklichkeit –

	Konjunktiv II der Gegenwart und Zukunft	Konjunktiv II der Vergangenheit
a)	Ich käme gerne.	
b)		Die Tulpen hätten geblüht.
c)		Sie hätte nur ungern verloren.
d)	Ich wünschte mir längere Ferien.	
e)	Ich wollte, ich fände einen Hundertmarkschein auf der Straße.	
f)		Sie hoffte, sie hätte alles nur geträumt.
g)		Wenn ich Geld hätte, hätte ich mir ein Mofa gekauft.
h)	Ach, könnte ich doch fliegen!	
i)		Wenn du nur da gewesen wärest!

Welche Konjunktivformen sollte man besser durch die *würde*-Form ersetzen? Schreibe die Sätze in dein Heft! Begründe deine Auswahl!

Konjunktiv II der Vergangenheit oder der **Nichtvergangenheit**? Schreibe es jeweils hinter die folgenden Sätze von a bis i.

a) Wenn ich Durst hätte, würde ich trinken. _____

b) Gewänne ich im Lotto, kaufte ich ein Haus. _____

c) Hätte ich die richtigen Zahlen getippt, dann hätte ich mir ein Haus

gekauft. _____

d) Schriebe ich in der nächsten Arbeit eine gute Note, wäre ich gerettet.

_____

Aaah! Ich hab ein Auto-gramm von **Tarzan** bekommen!

Echt stark!

e) Max erzählte, Aylin hätte ihn gestern besucht.

_____

f) Hätte es nicht geregnet, wäre ich gekommen.

_____

g) Wäre ich Tarzan, brauchte ich nicht zur Schule gehen.

_____

h) Wäre ich Lena gewesen, hätte ich mich rausgehalten.

_____

i) Er sagte, er sei schon ewig nicht mehr da gewesen. _____

Welche Sätze passen nicht in diese Aufgabe? Warum?

3. Alle Konjunktive auf einen Blick

Konjunktiv I

a) Präsens:	**indirekte Rede** bei **Gleichzeitigkeit** zur Redeeinführung	Er sagt,	er wisse er höre er springe
b) Perfekt:	**indirekte Rede** bei **Vorzeitigkeit** zur Redeeinführung	Er sagt,	er habe gewusst er habe gehört er sei gesprungen
c) Futur:	**indirekte Rede** bei **Nachzeitigkeit** zur Redeeinführung	Er sagt,	er werde wissen er werde hören er werde springen

Konjunktiv II

a) Präteritum:	**Nichtwirklichkeit** der Gegenwart – **Potentialis** –	Ich wünschte,	er wüsste er hörte er spränge
oder	**Ersatzform für den Konj. I-Präsens,** wenn dieser mit dem Indikativ gleich!	evtl. Umschreibung:	er würde wissen er würde hören er würde springen
b) Plusquamperfekt:	**Nichtwirklichkeit** der Vergangenheit – **Irrealis** –	Ich wünschte,	er hätte gewusst er hätte gehört er wäre gesprungen
oder	**Ersatzform für den Konj. I-Perfekt,** wenn dieser mit dem Indikativ gleich!		

Aktiv und Passiv

Vielleicht hast du schon mal die Begriffe aktiv – passiv gehört. Aber was bedeuten sie für die Grammatik? Das wirst du in diesem Kapitel lernen und vor allem, wie du diese grammatischen Formen verwenden und damit bestimmte Sichtweisen auf Vorgänge und Tätigkeiten besonders hervorheben kannst.

Aylin und Max unterhalten sich darüber, was aktiv und passiv bedeuten:

M: *Ich bin schon 2 Jahre Mitglied im Fußballverein.*

A: *Spielst du selbst, also aktiv, oder gehst du zu den Spielen deines Vereins nur als Zuschauer?*

M: *Nee du, ich spiele aktiv in der C-Jugend. Nur passiv dabeistehen und zuschauen, so wie Michael, würde mir keinen Spaß machen. Treibst du keinen aktiven Sport?*

A: *Doch, ich bin im Schwimmclub. Während ich aktiv an den Wettkämpfen teilnehme, sind meine Eltern nur passive Mitglieder. Ich glaub fast, die können gar nicht schwimmen!*

M: *Organisieren die bei euch im Verein auch so viele Freizeitaktivitäten wie Sommerfest, Weihnachtsbasar und so was?*

A: *Klar, das ist doch mit das Schönste!*

Versuche anhand dieses Gesprächs den Unterschied herauszufinden zwischen

Übung *me* C 1

aktiv _____

und

passiv _____

Also:

a) Max **spielt** im Verein **selbst** Fußball, Aylin **schwimmt selbst** im Club, beide sind **aktiv** – (sportlich) **tätig.**

b) Michael **schaut** beim Fußball **zu,** Aylins Eltern sind zwar Mitglieder, **schwimmen** selbst aber **nicht,** sie sind **passiv** – (sportlich) **nicht tätig.**

Tätiges Subjekt

Rahme in den folgenden Sätzen das **Subjekt** ein, das etwas **tut** und **von dem die Handlung ausgeht!**

a) Aylin schreibt einen Brief.

b) Max bindet einen Strauß Blumen.

c) Aylin berät Max bei den Aufgaben.

d) Max bittet die Mutter um ein Brot.

e) Aylins Vater plant ein Haus.

C 3 Zeichne nun einen **Pfeil** zum **Objekt,** auf das sich die Handlung richtet!

Beispiel: (Aylin) *schreibt einen Brief.*

C 4 In welchem **Kasus** (Fall) stehen jeweils die **Objekte, auf die die Handlung zielt** (= Zielpunkte der Handlung)?

_____

C 5 Wie nennt man diese **Satzergänzungen?**

_____

C 6 Formuliere selbst 3 Beispielsätze, in denen ein Subjekt tätig wird, mit einem Zielpunkt der Handlung = **Akkusativobjekt!**

a) _____

b) _____

c) _____

1. Transitive und intransitive Verben

Schreibe aus den Beispielsätzen von Übung C 2 die Verben (im Infinitiv) heraus. Welche dieser Verben haben ein **Akkusativobjekt** nach sich?

Übung me C7

Alle Verben, die ein **Akkusativobjekt** als Zielpunkt einer Handlung nach sich ziehen, nennt man **transitive – zielende – Verben.**
Alle Verben, die **kein Akkusativobjekt** nach sich ziehen, nennt man **intransitive – nichtzielende – Verben.**

Welche der folgenden Verben sind transitiv, welche sind intransitiv?

Übungen me C8

nehmen _____

sitzen _____

lösen _____

versenken _____

springen _____

Es gibt einen einfachen Trick, wie man die Unterscheidung treffen kann:
Ergänze ein zum Verb passendes Akkusativobjekt!

C 9

(Geht das = transitiv, geht das nicht = intransitiv!!)

a) Er baut _____

b) Er liebt _____

c) Er wohnt _____

d) Er sprengt _____

e) Sie tauscht _____

f) Sie kommt _____

g) Sie zeigt _____

h) Sie bleibt _____

Unterstreiche die Sätze von Übung C 9, in denen du ein Akkusativobjekt ergänzen konntest.

C 10

Übungen C 11

Die zielgerichteten, transitiven Verben in Übung C 9 lauten also:

_____

_____

C 12 Die nichtzielenden, intransitiven Verben in Übung C 9 lauten also:

_____

Die **transitiven Verben** drücken eine **Handlung** aus _(bauen, tauschen)_ und verlangen ein **Akkusativobjekt**, d. h. eine **Antwort** auf die Frage _„Wen oder was?"_

Die **intransitiven Verben** bezeichnen
a) einen **Zustand** _(wohnen, bleiben)_ oder
b) einen **Vorgang** _(kommen)_
und sie geben **keine Antwort** auf die Frage _„Wen oder was?"_

Diese Unterscheidung zwischen **transitiven** und **intransitiven Verben** ist im Zusammenhang mit **Aktiv und Passiv** von großer **Bedeutung**, da die **Passivformen** im Deutschen fast ausschließlich in **Verbindung mit transitiven Verben** (ca. 97 % aller Fälle) gebildet werden.

Unterschiedliche Handlungsrichtungen

Für die sprachliche **Wiedergabe einer Handlung** oder eines Geschehens gibt es zwei Möglichkeiten, die von der **Sehweise** abhängen:

Beispiele

a) _Aylin ruft Max._

b) _Max wird von Aylin gerufen._

a) _Der Hund beißt die Katze._

b) _Die Katze wird vom Hund gebissen._

a) _Wir loben euch._

b) _Ihr werdet von uns gelobt._

a) Das Subjekt tut selbst etwas = **aktiv**
b) Dem Subjekt wird etwas „angetan" = **passiv**

Ein und derselbe Vorgang – _rufen, beißen, loben_ – wird sprachlich unterschiedlich wiedergegeben (vgl. a und b). Das Ergebnis oder der Sachverhalt bleibt, aber die **Richtungen** sind **unterschiedlich**. Das heißt konkret für die Sätze oben:

a) Das Subjekt „tut" etwas:

Aylin   →   *Max*
der Hund →   *die Katze*
wir   →   *euch*

b) Dem Subjekt wird etwas „angetan":

Max   ←*von*   *Aylin*
die Katze ←*von*   *dem Hund*
ihr   ←*von*   *uns*

Da *Aylin, der Hund* und *wir* **aktiv = tätig** sind, nennt man diese **Handlungsrichtung Aktiv.**

Da *Max, die Katze* und *ihr* **passiv = untätig** sind, nennt man diese **Handlungsrichtung Passiv.**

Achte aber auf Folgendes: **Aktiv** und **Passiv** stehen **nicht unbedingt** im Zusammenhang mit der Bedeutung der Verben. Es spielt demnach nicht immer eine Rolle, ob die Menschen oder Tiere, die vom Subjekt benannt werden (in den Beispielsätzen *Max, Aylin* und *der Hund*), „wirklich" **tätig sind**, in den Beispielsätzen also mit der Handlung *rufen, beißen* oder *loben*. Es gibt auch Aktivsätze, in denen die Subjekte bzw. die „Täter" **nicht „wirklich" aktiv sind.**

Der alte Hund stirbt.
Die Musik verstummt.
Sie leiden.

         Beispiele

Die Verben dieser Sätze sind **intransitiv** und können **nicht ins Passiv** gesetzt werden. (Du kannst nicht sagen: ... *wird gestorben,* ... *wird verstummt.*)

Passivformen werden fast nur von **transitiven Verben** gebildet.

Welches Subjekt ist aktiv = welche Sätze stehen im **Aktiv**? Welches Subjekt ist passiv = welche Sätze stehen im **Passiv**? Schreibe den richtigen Begriff auf die Linie hinter die Sätze.

a) Max wird vom Lehrer beraten. _____

b) Der Hund wird von mir gerufen. _____

c) Das Kind bittet die Mutter. _____

d) Ich rufe den Hund zu mir. _____

e) Die Türe wird vom Wind zugeschlagen. _____

f) Der Lehrer berät Max. _____

g) Die Mutter wird vom Kind gebeten. _____

h) Der Wind schlägt die Türe zu. _____

Übungen

C 14 Rahme die **Subjekte** in den Aktiv-Sätzen von Übung C 13 **grün** ein!

C 15 Rahme die „**Täter**" in den Passiv-Sätzen von Übung C 13 **schwarz** ein!

Nun kannst du Folgendes feststellen:

(Grün) sind alle **Subjekte** eingerahmt, die **aktiv**, zielgerichtet handeln:

Das (Kind) bittet die Mutter.

(Ich) rufe den Hund zu mir.

Der (Lehrer) berät Max.

Der (Wind) schlägt die Türe zu.

(Schwarz) sind die früheren „**Täter**" eingerahmt, die jetzt nicht mehr im Mittelpunkt stehen, sondern hinter den Präpositionen *von, vom* oder *durch* erscheinen. **Subjekte** in diesen Sätzen sind die **früheren Akkusativobjekte:**

Die Handlungsrichtung hat sich geändert!

Die Mutter wird vom (Kind) gebeten.

Der Hund wird von (mir) gerufen.

Max wird vom (Lehrer) beraten.

Die Türe wird vom (Wind) zugeschlagen.

! Je nach Situation kannst du entweder eine Handlung **vom „Täter" aus** wiedergeben – im **Aktiv-Satz** – oder aber den **Gegenstand/die Person, auf den/die sich seine Handlung richtet**, in den Mittelpunkt stellen – im **Passiv-Satz**.

2. Bildung und Gebrauch des Passivs

Vervollständige noch einmal die folgenden Beispielsätze im Passiv:

Übung C 16

a) Die Mutter _____ vom Kind _____ (fragen)

b) Der Hund _____ von mir _____ (lieben)

c) Die Türe _____ vom Wind _____ (aufdrücken)

Formen von *werden*   +   **Partizip Perfekt**
(= **Partizip II**) des Verbs

Achtung: Nicht verwechseln mit dem **Futur**: *Das Kind* **wird** *die Mutter* **bitten**.

Setze die 3 Beispiele in die Vergangenheitsform (Präteritum)!

Übung C 17

a) Die Mutter _____ vom Kind _____

b) Der Hund _____ von mir _____

c) Die Türe _____ vom Wind _____

Die Passivformen werden gebildet durch die konjugierten (gebeugten) Formen von *werden* + **Partizip Perfekt** des jeweiligen Verbs **oder** die konjugierten Formen von *sein* + **Partizip Perfekt** des jeweiligen Verbs + *worden*.

Die Formen des Passivs in den verschiedenen Zeiten

Präsens: Die Mutter wird vom Kind gebeten.

Präteritum: Die Mutter wurde vom Kind gebeten.

Perfekt: Die Mutter ist vom Kind gebeten worden.

Plusquamperfekt: Die Mutter war vom Kind gebeten worden.

Futur I: Die Mutter wird vom Kind gebeten werden.

Und zur Vollständigkeit, obwohl die Form selten vorkommt und wir sie deshalb nicht weiter üben:

Futur II: Die Mutter wird vom Kind gebeten worden sein.

Setze die beiden Beispielsätze in den **genannten Zeiten** ins **Passiv**!

a) *Ich rufe den Hund.*

Passiv Präsens: _____

Passiv Präteritum: _____

Passiv Perfekt: _____

Passiv Plusquamperf.: _____

Passiv Futur: _____

b) *Der Wind schlägt die Türe zu.*

Passiv Präsens: _____

Passiv Präteritum: _____

Passiv Perfekt: _____

Passiv Plusquamperf.: _____

Passiv Futur: _____

C 19 Forme die folgenden Sätze **vom Aktiv ins Passiv** um!
Achte bei den unterstrichenen Verben auf das richtige Tempus!

a) Max <u>zeigte</u> dem Lehrer die Aufgaben.

_____

_____

b) Aylin <u>wird</u> die Briefmarken <u>tauschen.</u>

_____

_____

c) Der Bautrupp <u>hat</u> den Felsen <u>gesprengt.</u>

_____

_____

d) Die Architektin <u>hatte</u> dieses Haus <u>geplant.</u>

_____

_____

e) Die Polizistin <u>hat</u> die Unfallstelle <u>markiert.</u>

_____

_____

f) Der Laborant <u>überprüfte</u> die Wasserprobe.

_____

_____

g) Deine Eltern <u>werden</u> dich schon rechtzeitig davon <u>unterrichten</u>.

_____

_____

h) Der kleine Hund <u>hat</u> euch früher <u>gemieden</u>.

_____

_____

i) Mein Bruder <u>hatte</u> mich damals <u>gewarnt</u>.

_____

_____

Ergänzung mit Präposition und „täterloses" Passiv

Aus den **Subjekten** der Sätze im **Aktiv** (den „Tätern") in Übung C 19 wurde nach deiner **Umformung ins Passiv** jeweils eine **Ergänzung mit Präposition**.

Übung
C 20

a) Unterstreiche diese Satzteile in Übung C 19 farbig!
b) Welche Präposition(en) hast du verwendet?

_____

Was verändert sich, wenn man einen Satz **vom Aktiv ins Passiv** setzt?

1. **Das Subjekt** des Aktivsatzes wird im Passiv zu einer **Ergänzung** mit der **Präposition** _von_ oder _durch_.
2. **Das Akkusativobjekt** des Aktivsatzes wird im Passiv zum **Subjekt** des Satzes, weil es in den Vordergrund tritt.
3. **Das Verb** (immer **transitiv**) muss in die entsprechende **Passivform** umgewandelt werden unter Berücksichtigung des richtigen Tempus.

Übungen C 21

Max und Aylin planen ein Sommerfest in der Schule. Sie und andere Schülerinnen und Schüler helfen bei den Vorbereitungen für das Fest. Jeder/Jede hat eine bestimmte Aufgabe.

Setze die unten stehenden Sätze ins Passiv:

1. Kim malt Plakate.
2. Michael backt Kuchen.
3. Aylin probt ein Theaterstück.
4. Max stellt ein Trampolin auf.
5. Lena besorgt Bälle.
6. Anna schreibt Einladungen.
7. Sven vervielfältigt die Einladungen.
8. Tina brät Würstchen.
9. Zoltan baut eine Theke auf.
10. Die Theke versperrt den Weg zur Jungentoilette.
11. Gina organisiert Spiele.
12. Christoph räumt die Cafeteria auf.

C 22   Unterstreiche in den Passivsätzen die „Täter" grün!

Übung C 23

Lies nun noch einmal deine Passivsätze und lass die grün unterstrichenen Präpositionalergänzungen = „Täter" weg.

Geht das? _____

Übung C 24

Worauf kommt es bei den Sätzen im Passiv hauptsächlich an, was ist nebensächlich?

Wenn Sätze im Passiv stehen, spricht man von der „täterabgewandten Sehweise".

Übung C 25

Kannst du diese Formulierung begründen?

Jetzt wird die Stelle mit einem Filzstift markiert, das Ventil wird entfernt und der Schlauch getrocknet.

Kannst du diesen Satz ins **Aktiv** setzen?

a) Wenn du festgestellt haben solltest, dass das nicht problemlos geht …
   dann hast du Recht!
   Warum hattest du Probleme?

b) Welche Information müsste im Aktiv zusätzlich gegeben werden?

Man spricht hier vom so genannten „**täterlosen Passiv**"!

Der Gebrauch des Passivs

Warum wird in den folgenden Textausschnitten der „Täter" nicht genannt?

a) Gestern Abend wurde eine 70-jährige Frau beim Überqueren der Ried-
   straße angefahren und schwer verletzt. Man fand die Verletzte bewusst-
   los vor.

   _____

b) Zwei der Polizei bekannte Jugendliche brachen vorgestern im Supermarkt „billig" ein. Dabei wurden Waren im Wert von einigen hundert
   Mark gestohlen.

   _____

c) Das Rührgerät wird nur mit kaltem Wasser abgespült und so in den
   Schrank gestellt.

   _____

d) „Ich habe zwar gesehen, wie die Fensterscheibe zerbrochen wurde.
   Wenn ich aber gefragt werde, wer es war, möchte ich dazu eigentlich
   nichts sagen."

   _____

Du hast sicher einige Texte „erkannt": Du liest sie so oder ähnlich oft in der
Zeitung oder in **Gebrauchsanweisungen.** Vielleicht hast du einen ähnlichen
Satz wie in d schon selbst einmal gesagt um niemanden zu verraten.

Der Gebrauch des Passivs dient auch als „Informationsriegel", also dazu, den
„Täter" nicht zu nennen.

Da man bei der passivischen Sehweise den „**Täter" weglassen kann** – was im Aktiv ja unmöglich ist, weil er dort als Subjekt des Satzes stehen muss – gebraucht man das **Passiv, wenn:**

a) der „Täter" unbekannt ist,
b) der „Täter" aus Rücksicht nicht genannt werden soll,
c) der „Täter" unwichtig ist,
d) der „Täter" verschleiert werden soll.

Eine Möglichkeit gibt es allerdings auch im **Aktiv,** den „**Täter" ungenannt** zu lassen, nämlich das Wörtchen *man*:

Beispiele
a) ***Man** spült das Rührgerät nur mit Wasser.*
b) ***Man** hat die Fensterscheibe zerbrochen.*

3. Vorgangspassiv

Wenn du dir die Übungen und Beispielsätze der letzten Seiten noch einmal anschaust, wirst du feststellen, dass mit den Passivsätzen immer **Handlungen** oder **Vorgänge** ausgedrückt worden sind. Daher nennt man diese Form **Handlungspassiv** oder **Vorgangspassiv.**

Sehr häufig wird es bei **Gebrauchsanweisungen** und **Vorgangsbeschreibungen** verwendet.

Sieh dir mal diese Gebrauchsanweisung an:

Übung
C 28

So flickst du ein Fahrrad

1. Lege das Werkzeug bereit: Schraubenschlüssel, 2 Mantelheber, Flickzeug und Gummilösung.
2. Drehe das Fahrrad und stelle es auf Lenkstange und Sattel.
3. Löse die Radmuttern und nimm das Vorderrad aus der Felge.
4. Löse die Ventilschrauben und ziehe das Ventil heraus.
5. Hebe den Radmantel an und ziehe ihn aus der Felge.
6. Nimm den Fahrradschlauch aus der Felge, schraube das Ventil wieder ein und pumpe ihn auf.
7. Überprüfe im Waschbecken, wo das Loch im Schlauch ist (Aufsteigen von Luftbläschen).

8. Markiere die Stelle mit einem Filzstift, entferne das Ventil wieder und trockne den Schlauch ab.
9. Raue die markierte Stelle mit dem Blechkratzer auf.
10. Streiche dünn Gummilösung darüber und lass sie leicht antrocknen.
11. Entferne die Folie von einem Gummiflecken und drücke den Flecken fest auf den schadhaften Punkt.
12. Überprüfe im Wasser, ob die geflickte Stelle dicht ist, und entferne danach wieder das Ventil.
13. Lege den trockenen Schlauch in die Felge und stülpe den Radmantel darüber.
14. Schraube das Ventil wieder ein und pumpe das Vorderrad auf.
15. Hänge das Rad mit der Achse in die Gabel und ziehe die Radmuttern wieder fest.
16. Stelle das Fahrrad wieder auf die Räder.

Unterstreiche in dieser Vorgangsbeschreibung alle Akkusativobjekte schwarz!

Unterstreiche alle zielgerichteten – transitiven – Verben grün!

Übung C 29

Forme nun diese Vorgangsbeschreibung ins Passiv um!
Beginne so:
So wird ein Fahrrad geflickt.

Übung C 30

1. Alle **Akkusativobjekte** (schwarz) werden zu **Subjekten im Nominativ**.
2. Alle **transitiven Verben** (grün) werden in die **Passivform** gesetzt.
3. Der „**Täter**" ist unwichtig (täterloses Passiv) – er **fehlt** in allen Sätzen.

In solchen **Gebrauchsanweisungen** und **Vorgangsbeschreibungen** kann man leicht auf die Angabe des „Täters" verzichten, weil dieser mit dem Adressaten oder Leser des Textes **übereinstimmt** wie hier in unserem Beispiel:

„**Täter**" = der das Fahrrad flicken wird oder möchte

Leser = der das Fahrrad flicken wird oder möchte.

Dazu kommt, dass man natürlich beim Schreiben nicht weiß, wer der Leser sein wird. Man spricht ihn also lieber nicht direkt an – dazu eignet sich ebenfalls das **Passiv** besonders gut.

4. Zustandspassiv

Nenne den Unterschied zwischen folgenden beiden Formulierungen:

a) Das Fenster wird geschlossen.

b) Das Fenster ist geschlossen.

Beantworte folgende Fragen:

→ Welche **Reihenfolge** im zeitlichen Ablauf?
→ In welcher Formulierung wird die **Handlung gerade vollzogen**?
→ In welcher Formulierung wird das **Ergebnis der Handlung** bezeichnet?
→ In welcher Formulierung wird ein **Zustand** beschrieben?

Ein anderes Beispiel:

Beispiele | a) *Die Bibliothek wird geöffnet.*
             | b) *Die Bibliothek ist geöffnet.*

Durch den **Gebrauch des Passivs** in Verbindung mit den **Hilfsverben** *sein* und *werden* kann man unterscheiden:

a) **Vorgang/Handlung** *(wird, wurde)*
b) **Zustand** *(ist, war)*

Im Passiv gibt es zwei Geschehensarten:

a) das **Vorgangspassiv** oder **Handlungspassiv**
b) das **Zustandspassiv**

Formen:

a) Das **Vorgangspassiv** wird gebildet mit den konjugierten Formen von *werden* + **Partizip Perfekt** des Verbs (siehe Übung C 16 und Übung C 17).
b) Das **Zustandspassiv** wird gebildet mit den konjugierten Formen von *sein* + **Partizip Perfekt** des Verbs.

Vorgangspassiv oder **Zustandspassiv?** Schau genau hin – Vorsicht, Falle! (Verwende die Abkürzungen **VP** oder **ZP**.)

a) Das Geschäft ist geöffnet. _____

b) Die Fahnen werden aufgehängt. _____

c) Gegen den Fahrer wird ermittelt. _____

d) Die Haare waren gewaschen. _____

e) Der Schulhof wurde gesäubert. _____

f) Sie ist seit Jahren verschwunden. _____

g) Der Kuchen war aufgegessen. _____

h) Der Film wird vorgeführt. _____

i) Die Mannschaft ist besiegt. _____

k) Die Sicherheit war überprüft. _____

l) Das Rad wird festgeschraubt. _____

m) Der Schatz wurde gehoben. _____

Forme die Sätze von Übung C 32, die im **Vorgangspassiv** stehen, ins **Zustandspassiv** um!

Forme nun noch die Sätze, die im **Zustandspassiv** stehen, ins **Vorgangs-** oder **Handlungspassiv** um!

Beachte: Wähle das jeweils **richtige Tempus!** (Präsens – Präteritum)

Merke dir die **Formen** des **Zustandspassivs:**

Präsens: Die Bibliothek **ist** geöffnet.
Präteritum: Die Bibliothek **war** geöffnet.
Perfekt: Die Bibliothek **ist** geöffnet **gewesen.**
Plusquamperf.:   Die Bibliothek **war** geöffnet **gewesen.**
Futur I: Die Bibliothek **wird** geöffnet **sein.**

Futur II ist sehr unüblich im Zustandspassiv – darauf können wir verzichten.

Im Vergleich dazu noch einmal:

Die Formen des Vorgangspassivs:
Präsens: Die Bibliothek **wird** geöffnet.
Präteritum: Die Bibliothek **wurde** geöffnet.
Perfekt: Die Bibliothek **ist** geöffnet **worden**.
Plusquperf.:   Die Bibliothek **war** geöffnet **worden**.
Futur: Die Bibliothek **wird** geöffnet **werden**.

Übung C 34

Zustandspassiv oder Aktiv?
Vergleiche die folgenden Formen und schaue dir noch einmal genau die Merke-Abschnitte oben an. Ordne den Sätzen a) bis d) die richtige grammatikalische Bezeichnung zu!

a) Er **ist** seit Jahren **gelaufen**. _____

b) Er **ist** seit Jahren **verschwunden**. _____

c) Er **ist** seit Jahren **vergessen**. _____

d) Es **ist** seit Jahren **fertig gestellt**. _____

Um feststellen zu können, ob eine Verbform im **Zustandspassiv** (Präsens) oder im **Aktiv** (Perfekt) steht, gibt es einen ganz einfachen Trick:

Man fügt dem betreffenden Satz die Partizipialform *worden* hinzu; ergibt der Satz dann immer noch einen Sinn, handelt es sich um ein **Zustandspassiv!**

Also:

Beispiele

a) *Er ist seit Jahren gelaufen worden.*
   Ergibt **keinen Sinn: Aktiv – Perfekt**

b) *Er ist seit Jahren verschwunden worden.*
   Ergibt **keinen Sinn: Aktiv – Perfekt**

c) *Er ist seit Jahren vergessen worden.*
   Ergibt **einen Sinn:** *Er ist seit Jahren vergessen.* = **Zustandspassiv**

d) *Es ist seit Jahren fertig gestellt worden.*
   Ergibt **einen Sinn:** *Es ist seit Jahren fertig gestellt.* = **Zustandspassiv**

Vorsicht: Wir haben „worden" ergänzt, damit man das **Zustandspassiv** erkennen kann. Die Sätze mit „worden" sind eigentlich **Vorgangspassiv**!

5. Zusammenfassung

Das **Passiv** drückt eine Sehweise aus, die dem **Aktiv** entgegengesetzt ist. Während im **Aktiv** der **„Täter"** im **Vordergrund** steht, wird im **Passiv** das **Geschehen**, der **Vorgang** oder der **Zustand** selbst in den **Vordergrund** gerückt.

Passivformen werden fast ausschließlich von **transitiven Verben** gebildet.

Das Passiv wird häufig verwendet, um den **„Täter" zu verschweigen**: als Informationsriegel.

Falsch ist es, vom Passiv als der **„Leideform"** zu reden. Zwar ist dies der Fall in dem Satz *Das Kind wird geschlagen*, aber auch der Satz *Das Kind wird gelobt* steht im Passiv!

Man unterscheidet zwei Passivformen:

das **Vorgangspassiv**, mit dem zu Ausdruck gebracht wird, dass eine Handlung gerade vollzogen wird,

das **Zustandspassiv**, mit dem das Ergebnis einer Handlung beschrieben wird.

Nominalisierung als Mittel der Satzverknüpfung und Satzverdichtung

> Habe ich etwas gespart, indem ich die zwei Sätze miteinander verknüpft habe? Habe ich durch die Verknüpfung der zwei Sätze miteinander etwas gespart?

> Hast du. Dein zweiter Satz ist dichter geworden.

Verknüpfen hat etwas mit Knoten zu tun. Gute Knoten geben in vielfältigen Situationen Halt und Sicherheit. Sie lassen sich aber auch leicht wieder lösen.

Dieses Bild kann man auch auf Sätze übertragen. Wer hätte es nicht schon erlebt, dass schlecht verknüpfte Sätze zu Missverständnissen führen?

Beim Verdichten denken Eingeweihte sicher an die Motorentechnik. Durch hohe Verdichtung kann dort hohe (technische) Leistung erreicht werden. Ähnliches ist auch in der Sprache möglich …

Im folgenden Kapitel lernst du Möglichkeiten kennen, wie du durch **Nominalisierung/Substantivierung** Sätze besser verknüpfen oder verdichten kannst. Nomen und Substantiv bzw. Nominalisierung und Substantivierung bedeuten das Gleiche. In diesem Kapitel benutzen wir durchgehend nur die Begriffe **Nomen** und **Nominalisierung**.

1. Nominalisierung beim Satzbau

zur Auffrischung

1. Wenn Wörter wie Nomen/Substantive (= Hauptwörter) gebraucht werden, schreibt man sie wie **Nomen** auch **groß**.

2. **Verben** und **Adjektive** werden besonders häufig **wie Nomen gebraucht**.

3. Sie werden durch einen **Artikel** oder ein davor stehendes **Mengen**- oder **Zahlwort (Numerale)** in ein Nomen/Substantiv **umgewandelt**. Dies nennt man **Nominalisierung** oder **Substantivierung**.

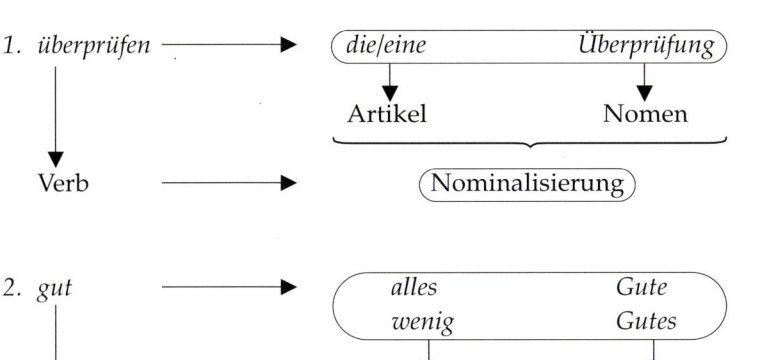

1. überprüfen ⟶ (die/eine   Überprüfung)
   ↓   Artikel ↓   Nomen ↓
   Verb ⟶   (Nominalisierung)

2. gut ⟶ (alles   Gute / wenig   Gutes)
   ↓   Zahlwort   Nomen
   Adjektiv ⟶   (Nominalisierung)

Beispiele

Es ist April. Max und Aylin besprechen sich in der Pause.

A: *Kommst du heute Nachmittag mit auf eine Fahrradtour, Max?*

M: *Du, ich habe mein Rad in diesem Jahr überhaupt noch nicht benutzt. Ich muss erst mal überprüfen, ob noch alles in Ordnung ist.*

A: *Dauert das lange?*

M: *Kommt drauf an. Mein Vater hat im Keller für die ganze Familie einen Fahrrad-Wartungsplan aufgehängt. Ich muss erst mal sehen, ob die Kiste überhaupt noch sicher ist.*

A: *Ich kann dir ja helfen. Ich komme um drei Uhr …*

Im Kellerraum, in dem die Fahrräder der Familie stehen, hängt folgende Übersicht:

Vor Inbetriebnahme bitte beachten:

⑪ Einstellen der Handbremse

⑫ Überprüfen der Klingel

① Nachziehen der Lenkerfeststellschraube

⑩ Nachziehen der Lenkerfeststellschraube

② Überprüfung der Rücktrittbremse

⑨ Kontrolle der Lichtanlage

③ Ölen der Radnabe

⑧ Ölen der Vorderachse

④ Spannen der Kette

⑦ Aufpumpen der Reifen, Überprüfen der Ventile auf Dichtigkeit

⑤ Wartung der Kette durch Einölen

⑥ Überprüfen des Tretlagers auf Spiel, gegebenenfalls nachstellen

Als Aylin um drei Uhr kommt ...

A: *Hallo, Max. Was hast du denn schon alles erledigt?*
M: *Grüß dich, Aylin. Schön, dass du kommst. Ich habe die Lenkerfeststellschraube nachgezogen. Soeben überprüfe ich die Rücktrittbremse.*
A: *Kann ich schon mal die Radnabe ölen?*

Max wird mit Aylins Hilfe sein Fahrrad sicher bald startklar bekommen.

Ist dir aufgefallen, wie sich die Anweisungen des Wartungsplans sprachlich verändert haben?

Wenn man **Nomen** (wieder) in **Verben** umwandelt, spricht man von **Verbalisierung**.

Verbalisierung – Auflösung von Nominalisierungen

	Wartungsplan	Gespräch Max und Aylin
1. Grammatik	Nominalisierung	Verbalisierung
2. Inhalt/ Formulierung	*Nachziehen der Lenkerfeststellschraube*	*Ich habe die Lenkerfeststellschraube nachgezogen.*
3. Aufgabe/ Zielsetzung	allgemeine Anweisung für die Person, die ein Fahrrad in Betrieb nimmt	Beschreibung des Handelns nach Anweisung durch eine bestimmte Person. Subjekt und Prädikat machen daraus einen vollständigen Satz

Aylin und Max setzen ihre Inspektion gemeinsam fort. Stell dir vor, sie führten das begonnene Zwiegespräch von S. 118 weiter. Schreibe es auf mithilfe der Vorgaben im Wartungsplan von S. 117. Die Zahlen geben die nummerierten Arbeitsschritte an!

Übung D 2

M: ④ Nein, erst _____ .

A: ③ ⑤ Jetzt können wir aber _____

_____

_____ .

M: ⑥ Ich habe _____ .

Kein Spiel!

M: ⑦ So, die Reifen _____ .

Ich habe auch _____ .

Sie sind dicht.

M: ⑧ Wir müssen _____ .

A: ⑨ Hilfst du mir mal _____ ?

M: ⑩ _____

ist _____ .

A: ⑪ Die Handbremse funktioniert ja gar nicht mehr. Wir werden _____

_____ .

M: ⑫ Zum Schluss sollten _____ .

Sie funktioniert. Jetzt kann es aber losgehen!

Wenn du Nominalisierungen in Kurzanweisungen auflöst, entsteht ein vollständiger Satz. Dabei wird **aus der Nominalisierung** in aller Regel das **Prädikat** dieses Satzes.

!

(Das) Ölen der Radnabe   Ich muss die Radnabe ölen.   *Beispiel*

↓   ↓   ↓

Nominalisierung   Verbalisierung

Nominalstil als Kurzinformation

Aylin und Max radeln durch den Stadtwald.
Die Inspektion des Fahrrads von Max hat sich gelohnt. Besonders auch das
Ölen der Kette, denn nach anfänglichen bedrohlichen Knackgeräuschen
läuft nun alles – buchstäblich – wie
geschmiert.

An einer Waldwiese verschnaufen sie.
Soeben wollen sie ihre Räder ein Stück
auf die Wiese schieben, da zeigt Max
auf ein großes Schild:

A: Was soll das denn?

M: Vielleicht ist neuer Rasen gesät worden.

A: Seh ich nichts von. Im Übrigen könnte man das als Grund dazuschreiben.

M: Dann würde aber der Text länger. Er müsste heißen:
Neuer Rasen! Betreten verboten!

A: Oder noch genauer:
Neuer Rasen auf der Wiese! Betreten verboten!

M: Wiese kannst du weglassen. Das Schild steht ja auf der Wiese. Da ist klar, was
gemeint ist …

Übung D 3

Nimm an, es handle sich tatsächlich um frisch nachgesäten Rasen.

Du hast längst erkannt, dass der von Max als Verbesserung vorgeschlagene
Text eine Verkürzung der Information (Anweisung) auf das Wesentliche ist:
Jede Person, die das Schild auf dieser Wiese sieht, weiß, was gemeint ist.

Versuche einmal, den von Max verbesserten Text zum eindeutigen Verständnis in zwei vollständigen Sätzen auszudrücken!

Neuer Rasen!
(Information)

_____

_____

Betreten verboten!
(Anweisung)

_____

_____

Sicher kannst du nun auch ein **Satzgefüge** (Haupt-/Nebensatz; vgl. Kapitel A/1 und 2) konstruieren, in dem du die beiden ausformulierten Sätze, **Information** und **Anweisung,** in eine sinnvolle Abfolge bringst.

In dieser letzten Übung hast du die Verkürzung auf dem Verbotsschild durch vollverbalisierte Sätze erweitert. Wir wollen uns nun ein Beispiel ansehen, das eine Verkürzung auf das Wesentliche veranschaulicht.

Bei den Sesselliftanlagen in Skigebieten begegnen dem aufmerksamen Skiläufer unterschiedliche Anweisungen der Betreibergesellschaften:

Beispiel

Aushang in den allgemeinen Beförderungsbedingungen in der Talstation

> *Das Schaukeln in den Sesseln ist strengstens verboten.*
> *Das Tragseil könnte dadurch von den Laufrollen springen.*

Diese **Anweisung mit Begründung** ist an diesem Ort angemessen und verständlich. Sie enthält den ausführlichen Originaltext.

Skipassrückseite

> *Schaukeln in den Sesseln aus Gründen der Betriebssicherheit verboten!*

Diese Anweisung ist eine **Verkürzung** aus den Beförderungsbedingungen. Sie dient der Erinnerung.

Schilder an den Pfeilern der Seilbahn

> *Schaukeln verboten!*

An diesem Ort verständliche **Kurzanweisung** für die Benutzer.

Schild

An diesem Ort verständliche **Anweisung** auch **ohne Worte.**

Man kann **Anweisungen,** aber auch **Informationen** bis auf Einwortsätze **verkürzen**, ohne dass die Verständlichkeit erheblich darunter leiden muss.

Voraussetzung ist allerdings, dass der **örtliche, räumliche** und **sachliche Zusammenhang** für den Adressaten **erkennbar** ist.

Die Kurzinformationen müssen sich dort befinden, wo sie gebraucht werden, die Kurzanweisungen dort, wo sie befolgt werden sollen.

Schlagzeilen – gekürzte Sätze

Aylin und Max fahren weiter durch den Stadtwald, bis sie zu einem Kiosk gelangen und sich jeweils ein Eis kaufen.

Genüsslich schleckend lesen sie dabei die Schlagzeilen der Zeitungen und Zeitschriften:

1. *Gesichtsoperation des Musikers Jack Michael*

2. *3:1! Gladbach aus der Krise*

3. *Wuppertal: Fahrerflucht nach Unfall*

4. *Tabakfirma: Rauchen gefährlich*

5. *Noch keine Spur von Frankfurter Geldräubern*

6. *Saftige Preise für „Beatles"-Souvenirs*

7. *Fette Beute: Millionenschatz im Schlafzimmer!*

8. *Kompromiss im Steuerstreit?*

9. *Nachbarn retteten Kind vor Feuer*

10. *Drohung der Kumpel in Bonn an den Kanzler*

A: *Sehr interessant!*

M: *Wieso denn das?*

A: *Wie bei dem Schild. Lauter Verkürzungen.*
   Kannst du mit allen Schlagzeilen etwas anfangen?

M: *Mit einigen schon, da klickt es bei mir.*
   Ich habe nämlich gestern die Tagesschau gesehen …

Aylin hat Recht:
Auch Schlagzeilen der Zeitungen sind Informationsverkürzungen, anders gesagt: gekürzte Sätze.

Für die folgende Übung musst du die **Wortarten** kennen.

Einige haben wir schon in den vorherigen Kapiteln wiederholt (**Konjunktion, Nomen, Relativ-, Personal-** und **Possessivpronomen** etc.).

Schaue im Kapitel **Grammatische Begriffe** nach, wenn du bei einigen Wortarten noch unsicher bist.

Hier einige weitere **Wortarten:**

Wortart	Beispiele
Artikel (= Begleiter)	der, eine
Adjektiv (= Eigenschaftswort)	faul, fleißig
Indefinitpronomen (= unbestimmtes Fürwort)	jemand, manche

Und noch eine Erinnerung an die Satzzeichen: Punkt, Komma, Ausrufezeichen, Fragezeichen, Bindestrich usw.

Untersuche die von Aylin entdeckten Schlagzeilen.
Stelle fest, welche **Wortarten** wie häufig vorkommen!

Übung me D5

Wort arten:	Nomen	Präpositionen	Artikel	Indef.-pron.	Adj.	Zeichen	Verben
Anzahl:							

Untersuche die Schlagzeilen, in denen Zeichen enthalten sind. Stelle Gemeinsamkeiten fest.
Was wird durch die verwendeten Zeichen ersetzt?

Übungen D6

Versuche die Schlagzeilen zu vollverbalisierten Sätzen (= vollständigen Sätzen) zu ergänzen!

D7

Schlagzeile 1 und 10 enthalten einen **Genitiv.**
Welcher Satzteil entsteht dadurch bei der Umformung?

Übungen me D8

Schlagzeile 10 enthält die **Nominalisierung** eines Verbs (*Drohung*). In welchen Satzteil wird diese **Nominalisierung** bei der Umformung überführt?

D9

Übung D 10

Es geht auch umgekehrt! Kürze die folgenden Schlagzeilen, indem du die Verbalausdrücke auflöst! Nominalisiere!

a) Bei dem Sprengstoffanschlag flohen die Täter unerkannt.

_____

b) Junge Autofahrer verursachten bei einem illegalen Autorennen auf der Autobahn bei Aachen einen schweren Unfall.

_____

c) Die Europäische Union führt zum 1. Januar 1998 die gemeinsame Währung „Euro" ein.

_____

d) In den Allgäuer Alpen ereignete sich ein Lawinenunglück.

_____

e) Der Bundeskanzler wird von Moskau[1] gelobt.

[1]_gemeint ist die „russische Regierung" mit Sitz in Moskau …_

_____

_____

_____ ; oder:

_____

f) Das Spitzenspiel wurde durch Elfmeter entschieden.

_____

g) Immer mehr Fahrräder werden gestohlen.

_____

h) Der Starttermin für die Weltraumfähre bleibt ungewiss.

_____

i) Die Schülerzahlen steigen weiter an.

_____

k) Nach spannendem Wahlabend wurde das Endergebnis erst kurz vor Mitternacht bekannt gegeben.

_____

_____ ;

oder: _____

_____

1. Bei Schlagzeilen und anderen bereits verkürzten Sätzen ersetzen **Zeichen** Wörter. Diese Wörter können **Präpositionen**, aber auch **Verbformen** als Satzprädikate sein.

2. Bei der Umformung von Schlagzeilen und verkürzten Sätzen in vollverbalisierte Sätze wird aus **Genitiven** in der Regel das **Subjekt** des neuen Satzes.

3. Bei der Verkürzung von Sätzen zu Kurzinformationen oder Schlagzeilen werden **Verben** in der Regel **nominalisiert**.

2. Veränderungen durch Nominalisierungen

„Aylin, schau mal, was ich geschrieben habe", sagt Max und hält ihr sein Deutschheft unter die Nase.
„Wozu denn?", fragt Aylin zunächst etwas verdutzt. Doch als sie das Bild sieht, ist ihr sofort alles klar. „Die Deutschaufgabe! Hatte ich fast vergessen, Max!", erwidert sie, bevor sie sich in seinen Text vertieft.

Die Schüler sollten zu einem Cartoon (vgl. Abbildung S. 126) Seite einen Text verfassen, der dem Bildinhalt gerecht wird.

Max hat geschrieben:

Beispiel **Technischer Fortschritt**

1. *Beim Staatsbesuch des Präsidenten von R. in der Bundesrepublik zeigte sich wieder einmal die Auswirkung des Fernsehens auf das Verhalten der Berliner Bürger.*

2. *Kurz nach der Landung auf dem Flughafen Berlin-Tegel musste der Präsident in Begleitung des zum Empfang herbeigeeilten deutschen Außenministers nach Anhören der Nationalhymnen das Abschreiten der Front einsam ohne Zuschauer vornehmen.*

3. *Bei der anschließenden Fahrt durch die Prachtstraßen der neuen Bundeshauptstadt zum Amtssitz des Staatsoberhauptes reagierte der Präsident sichtlich betreten auf das Fehlen jubelnder Menschenmassen.*

4. *Der Außenminister versuchte das Ausbleiben der Zuschauer mit dem Einfluss der Medien zu erklären und konnte erst durch Einschalten eines Monitors in der Staatskarosse zur Beruhigung und Besänftigung des hohen Gastes beitragen.*

5. *Der Blick auf den Bildschirm erbrachte die Bestätigung einer überraschend hohen Anteilnahme der Berliner Bevölkerung.*

6. *Hunderttausende, die vor ihren heimischen Bildschirmen saßen, blickten dem Präsidenten sozusagen in Rückübertragung aus ihren Wohnungen entgegen.*

7. *Das Jubeln, Rufen und Winken nahm mit Zuschaltung des hohen Gastes zu und übertönte deutlich das Pfeifen vereinzelt auftretender Demonstranten vor den heimischen Bildschirmen.*

8. *Die Zustimmung durch das Publikum erreichte die Heftigkeit herkömmlicher Staatsbesuche.*

9. *Unter Beachtung aller protokollarischer Regeln winkte der Präsident spontan zurück.*

„Gelungen, Max", sagt Aylin. „Du triffst die Bildaussage ziemlich gut. Dass die Zuschauer alle winken, der Präsident zurückwinkt, sieht man zwar auf dem Cartoon nicht, es könnte aber so geschehen. Aber warum hast du so viele Nominalisierungen gebraucht?"

„Wen bitte?", fragt Max verblüfft.

„Na, die vielen Verben, die du in deinem Text zu Nomen gemacht hast. Das wirkt ja wie ein Zeitungstext ... Nehmen wir mal deinen ersten Satz", sagt Aylin. „Ich formuliere ihn einmal anders, ohne dass der Sinn verloren geht:

Beim Staatsbesuch des Präsidenten von R. in der Bundesrepublik zeigte sich wieder einmal, wie sich das Fernsehen auf das Verhalten der Berliner Bürger auswirkt."

„Vierundzwanzig", sagt Max. „Was, vierundzwanzig?", fragt Aylin verwirrt.

„Vierundzwanzig Wörter. Eines mehr als in meinem Satz. Allerdings hast du eine Nominalisierung beseitigt."

Was meint Max? Untersuche die Veränderung!

Übung D 11

Nominalisierung beseitigt: aus _____ wird _____

Unterstreiche die **Nominalisierungen** im Text von Max. Lege sodann in deinem Heft eine Übersicht nach folgendem Muster an und führe alle **Nominalisierungen** auf ihre zu Grunde liegenden Verbformen zurück:

Übung D 12

Nominalisierung	Verbform
die Auswirkung	sich auswirken

Aylin und Max sind bisher auf die wichtige Veränderung in der Satzstruktur noch nicht eingegangen. Nimm ihnen diese Arbeit ab.

Übung D 13

Der 1. Satz von Max ist: _____

Aylins Verbesserungsvorschlag ist:

_____

„Da wir nun schon einmal dabei sind", sagt Max, „fällt mir noch eine weitere Möglichkeit ein: Wie sich das Fernsehen auf das Verhalten der Berliner Bürger auswirkt, zeigte sich wieder einmal beim Staatsbesuch des Präsidenten von R. in der Bundesrepublik."

„Wiederum ein Wort mehr", stellt Aylin fest, die sich nun ihrerseits ans Zählen gemacht hat. „Außerdem ein Satzgefüge wie bei meiner Formulierung eben, nur kommt der Gliedsatz zuerst! Aber die Nominalisierung entfällt wieder."

Übung me D14

Was ist tatsächlich grammatisch in den letzten Übungen geschehen?

Trage in die Kästen die **Bezeichnung der Satzart/des Satzteils** ein. Trage die in der rechten Spalte **hinzugefügten** oder **veränderten Wörter** in die Tabelle unten ein und **bestimme** sie **grammatisch**!

Der 1. Text von Max:

Beim Staatsbesuch des Präsidenten von R. in der Bundesrepublik zeigte sich … die Auswirkung des Fernsehens auf das Verhalten der Berliner Bürger.

a) *… Auswirkung des Fernsehens …*

[   ]

Der neue Vorschlag von Max:

Wie sich das Fernsehen auf das Verhalten der Berliner Bürger auswirkt,

b) [   ]

zeigte sich … beim Staatsbesuch des Präsidenten von R. in der Bundesrepublik.

c) [   ]

hinzugefügte oder veränderte Wörter:	grammatische Bestimmung:

„Ich bleibe dabei, Max", sagt Aylin, „mit den Nominalisierungen in deinem Text hast du sehr übertrieben."

„Klar", gibt Max zu, „aber ich wollte einfach ein paar Sätze sparen. Durch unsere Umformungsversuche habe ich folgende grundsätzliche Möglichkeiten erkannt:

1. Ein nominalisiertes Verb kann man wieder in die Verbform zurückführen. Häufig wird es dann zum Prädikat.

2. Eine derartige Nominalisierung kann man durch Hauptsatz und Nebensatz auflösen."

Aylin ergänzt: „Umgekehrt kann man Verben in Sätzen nominalisieren. Da die Verben jedoch zur Prädikatsgruppe gehören, verändert sich gleichzeitig auch die Satzstruktur."

Durch die **Nominalisierung** von Verben kann man unter anderem Sätze, vor allem Nebensätze, **einsparen**. Dadurch werden die **Informationen** in einem Satz **dichter**.

Aber Vorsicht! Man kann einen Satz durch eine **Häufung von Nominalisierungen mit Informationen überladen**.

Welche Mischung von Nominalisierung und Verbalisierung die richtige ist, ist eine Frage des Stils. Darauf werden wir ausführlich weiter unten im Kapitel D/3 eingehen.

An dieser Stelle zunächst eine Übung zum Text von Max, die der Überladung mit Nominalisierungen abhelfen soll:

Besonders unübersichtlich erscheint Satz 2 im Text von Max.

Löse ihn im Sinne der „richtigen Mischung" auf. Die Tabelle gibt dir dabei durch Unterstreichungen an, <u>welche</u> Ausdrücke du <u>wie</u> verwandeln kannst.

Übung D 15

Satz von Max	deine Umwandlung
Kurz <u>nach der Landung</u> auf dem Flughafen Berlin-Tegel ... der Präsident ... <u>nach Anhörung</u> der Nationalhymnen ...	<u>verbalisieren!</u> <u>Satzgefüge!</u> (temporaler Nebensatz/Hauptsatz)...
... des zum Empfang <u>herbeigeeilten</u> deutschen Außenministers ...	<u>Hauptsatz!</u>
... der Präsident ... in Begleitung des Außenministers ... <u>das Abschreiten</u> der Front einsam ohne Zuschauer <u>vornehmen</u>.	<u>verbalisieren!</u> Hauptsatz (temporal)!

Und noch ein Satz (4.):

Der Außenminister versuchte <u>das Ausbleiben</u> der Zuschauer <u>mit dem Einfluss</u> der Medien zu erklären.	<u>verbalisieren!</u> (Hauptsatz + Gliedsätze mit *dass* und *weil*)
... konnte erst <u>durch Einschalten</u> eines Monitors ... <u>zur</u> Beruhigung und Besänftigung ... <u>beitragen</u>.	<u>verbalisieren!</u> (modaler Gliedsatz + Hauptsatz)

Durch Nominalisierung kann man getrennte Sätze verknüpfen.

Übung D16

Fasse die folgenden **Satzpaare** zu **einem Satz** zusammen. **Nominalisiere** dabei die im Text gekennzeichnete (= unterstrichene) **Verbform**. Denke an die Stilfrage. Es kann sein, dass du Wortreihenfolgen umstellen musst.

Ein Tipp: Mehrere Möglichkeiten entwerfen und dann entscheiden!

Das Rennen ist noch offen

1. Die deutsche Fußballmeisterschaft ist wieder offen.
   Der bisherige Spitzenreiter <u>gab</u> am vergangenen Samstag im Spiel beim Tabellenschlusslicht einen wichtigen Punkt <u>ab</u>.
2. Der Verfolger Borussia holte deutlich auf.
   Er <u>siegte</u> beim FC.
3. Borussia hatte vor kurzem den Mittelstürmer Schwalbe <u>verpflichtet</u>.
   Das bedeutete eine erhebliche Verstärkung.
4. Verteidiger Bissig wurde in diesem Spiel vom Platz gestellt.
   Er hatte seinen wendigen Gegenspieler Schwalbe <u>grob gefoult</u>.
5. Der Schiedsrichter <u>leitete</u> die Partie korrekt.
   Er wurde deshalb vom fairen Publikum mit Beifall bedacht.
6. Der Bundestrainer <u>beobachtete</u> einzelne Spieler.
   Diese Spieler zeigten erhebliche Nervosität.
7. Fanatisierte Fans <u>beschimpften</u> nach dem Schlusspfiff die erfolgreiche gegnerische Mannschaft.
   Das erregte den Zorn der fairen Sportler.

Prädikat und adverbiale Bestimmungen

„Ich möchte aber doch gerne wissen, Max, was bei dieser Umformung grammatisch geschehen ist", sagt Aylin. „Kann ich dir sagen", entgegnet Max. „Nehmen wir am besten das 2. Satzpaar der Übung oben, weil es so schön übersichtlich ist!"

Beispiel

Ausgangssituation	**Veränderung**
Der Verfolger Borussia holte deutlich auf.	*Durch einen Sieg beim FC holte der Verfolger Borussia deutlich auf.*
Er siegte beim FC.	(Die **Subjekte** sind gleich, *er* geht im **Subjekt** *der Verfolger Borussia* auf!)

PRÄDIKAT *siegte*	wird zur →	**adverbialen Bestimmung** (hier: des Mittels/instrumental) *Durch einen Sieg*

Wenn du dir die verschiedenen **adverbialen Bestimmungen** noch einmal ansehen willst, findest du sie in Kapitel A/2 (S. 20).

Vier weitere Sätze in Übung D16 konnten in gleicher Weise umgebaut werden wie eben beschrieben. Nenne diese Sätze, unterstreiche die adverbialen Bestimmungen und trage die genaue Kennzeichnung ein.

Satz Nr.   adverbiale Bestimmung

○ [   ]
○ [   ]
○ [   ]
○ [   ]

Finde heraus, nach welchem Muster die beiden restlichen Sätze umgeformt wurden.
Benutze dabei das Schema von S.130 unten!

D 19

a) Forme folgende Sätze um! Überlege jeweils, welche **Nominalisierung** du am besten nutzen kannst: **Umformung in Subjekt** oder **adverbiale Bestimmung.**
b) Schreibe hinter die Sätze die **Nominalisierung,** die du angewendet hast.

Museum im Aufwind

1. Das Stadtmuseum <u>besteht</u> nunmehr zehn Jahre. In dieser Zeit wurden einhunderttausend Besucher gezählt.
2. Es <u>liegt</u> im Herzen der Stadt. Das Museum ist gut erreichbar.
3. Die Besucher <u>bezahlen</u> eine Anerkennungsgebühr als Eintritt. Damit kann die Stadt die tatsächlichen Kosten nicht abdecken.
4. Die Museumsleitung hat für die augenblickliche Ausstellung einen mechanischen Webstuhl aus der Zeit der frühen Industrialisierung <u>aufgestellt</u>. Das bedeutet über die Stadtgrenzen hinweg eine besondere Attraktion.
5. Viele Schulklassen <u>besuchen</u> das Museum. Das macht dort Unterricht in anderer Form möglich.
6. Schüler und Lehrer <u>betrachten</u> unmittelbar Gegenstände aus der Vergangenheit. Dadurch wird die Anschaulichkeit des Unterrichts verbessert.
7. Viele bisher nicht bekannte Texte von Arbeitern und Handwerkern aus jener Zeit <u>ergänzen</u> die Ausstellung sinnvoll. Dadurch wird die geschichtliche Wirklichkeit deutlicher.
8. Auch die großen Zeitungen <u>loben</u> diese Ausstellung im Stadtmuseum. Damit werden weitere Besucher angelockt.

Aylin hat ihre Ferienerlebnisse aufgeschrieben und dabei das Gelernte direkt angewendet, also mithilfe von **adverbialen Bestimmungen Nominalisierungen** durchgeführt.

Aylins Sätze	adverbiale Bestimmung …
a) Während eines dreiwöchigen Aufenthaltes in den Ferien lernte ich die holländische Insel Ameland kennen und lieben.	… der Zeit (temporal)
b) Durch die Anreise per Bus kamen wir, die Jugendgruppe samt Betreuer, sehr bequem bis zur Fähre, aber nicht auf die Insel.	… des Mittels (instrumental)
c) Wegen des Plans einer gemeinsamen Wattwanderung sollten die Jugendlichen ihre Gummistiefel nicht vergessen.	… des Grundes (kausal)
d) Zu unserer großen Freude hatten wir ständig gutes Wetter.	… der Folge (konsekutiv)
e) Durch die gründliche und einfallsreiche Vorbereitung der Betreuer konnten wir auch eine Schnitzeljagd über die ganze Insel unternehmen.	… der Art und Weise (modal)
f) Trotz des Schlafens in ausgeräumten und gereinigten Kuhställen fühlten sich fast alle wirklich wohl.	… der Einräumung (konzessiv)
g) Für eine Wiederholung dieses Jugendferienprogramms werde ich mich einsetzen.	… des Zwecks (final)
h) Bei einer Verlängerung des Aufenthalts dort könnte man die Insel allerdings noch besser kennen lernen.	… der Bedingung (konditional)

Übung D 20

Löse Aylins Beispielsätze auf, indem du jeweils zwei Hauptsätze bildest.

Achte auf das Umformungsmuster:

Aus der **adverbialen Bestimmung** ⎯⎯ wird ⎯▶ ein **Prädikat!**

Beispiel

a) *Während eines dreiwöchigen Aufenthaltes in den Ferien lernte ich die holländische Insel Ameland kennen und lieben.*

Ich hielt mich in den Ferien drei Wochen auf der holländischen Insel Ameland auf. Dabei lernte ich sie kennen und lieben.

3. Nominalisierung – eine Frage des Sprachstils

Aylin, die in ihrer Schule Schülersprecherin ist, ist verwirrt. Soeben hat sie eine schriftliche Mitteilung des Schulleiters an die SV erhalten. Sie studiert den Text und kommt nicht weiter. Max kommt dazu.

M: Was machst du denn für ein Gesicht? Lach doch mal!

A: Hier, lies!

M: Hast du etwas anderes erwartet?

A: Das ist es ja nicht. Das mit der Ablehnung war mir klar. Ich verstehe ganz einfach diesen Satz nicht.

M: Zeig noch mal ...

Der Satz lautet:

> Bei der Ablehnung des Antrags der Schülermitverwaltung auf Veränderung der Pausenzeiten für Schüler handelt es sich nach Meinung der Schulleitung und unter Beachtung und Würdigung aller entsprechenden Vorschriften um ein richtiges Ausüben des Ermessens.

M: Die haben ganz einfach Kommas vergessen. Oder der Drucker hat gestreikt und keine Kommas ausgedruckt, wer weiß!

A: Glaube ich nicht.

M: Der Satz hat 34 Wörter. Das passt gar nicht alles in einen Hauptsatz hinein.

A: Doch, Max. Zähl mal die großgeschriebenen Wörter!

M: 13. Also mehr als ein Drittel.

A: Schwant dir was?

M: Nein.

A: Ich glaube, durch die vielen Nominalisierungen von Verben sind Sätze zu Satzgliedern zusammengezogen und in einem einzigen Hauptsatz untergebracht worden ...

Übung
me D 21

Überprüfe die Richtigkeit von Aylins Vermutung (= *ein Hauptsatz!*).

Welche Bedingungen müssten erfüllt sein, damit Max Recht hätte (= *mehrere Haupt- oder Gliedsätze!*)?
Nimm die Lernergebnisse aus dem Kapitel A/1 und 2 zu Hilfe!

1. Welche **Konjunktionen**, die Gliedsätze einleiten, kommen vor?

   _____

2. Welche **Relativpronomen** entdeckst du?

   _____

Folgerung:

_____

3. Wie viele **Subjekte** und **Prädikate** gibt es?

   _____

Folgerung:

_____

Aylin liegt also mit ihrer Einschätzung richtig. Es handelt sich um einen **Hauptsatz** mit **mehreren Adverbialen** und **Ergänzungen**. Selbstverständlich erschweren derartige Sätze die Verständigung, obwohl sie nach den Regeln der Grammatik gebildet werden können.

 Die Art und Weise, wie Sätze, Satzreihen und Satzgefüge sprachlich gefüllt und als Text verwendet werden, **prägt den Sprachstil entscheidend**.

Komplexe Hauptsätze wie der eben beschriebene widerlegen die Vorstellung, Hauptsätze seien grundsätzlich eindeutig, einfach und überschaubar.

 Ein **komplizierter Satzaufbau** mit zu vielen Informationen in einem Satz bzw. Satzgefüge **behindert** die **Verständlichkeit** des Satzes.

Zur besseren Übersicht wollen wir uns den Satz in einer klar gegliederten Anordnung noch einmal ansehen:

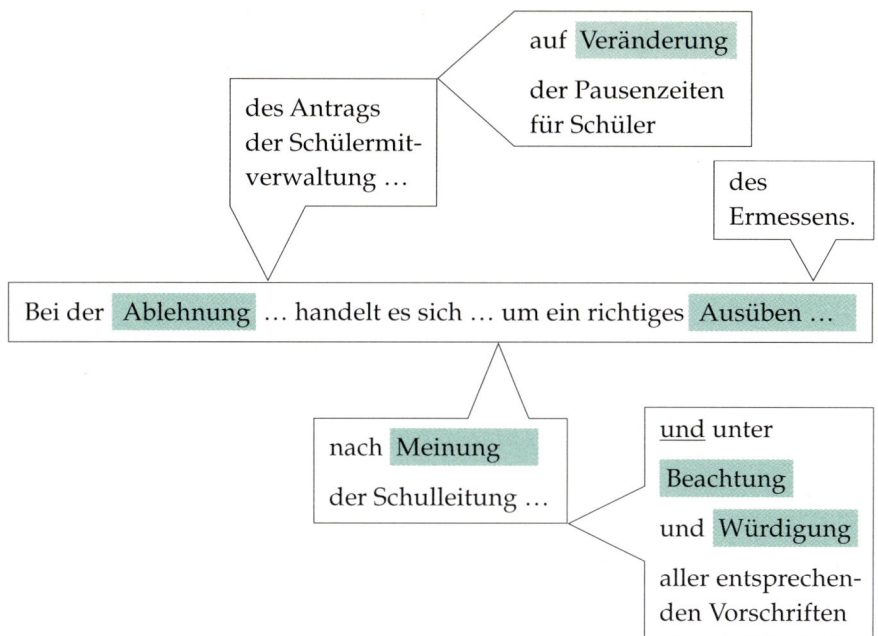

Bei der **Ablehnung** … handelt es sich … um ein richtiges **Ausüben** …

- auf **Veränderung** der Pausenzeiten für Schüler
- des Antrags der Schülermitverwaltung …
- des **Ermessens**.
- nach **Meinung** der Schulleitung …
- **und** unter **Beachtung** und **Würdigung** aller entsprechenden Vorschriften

Die Abbildung veranschaulicht auch, warum Sätze mit kompliziertem Aufbau **Schachtelungen** oder **Schachtelsätze** genannt werden und warum diese nur schwer verständlich sind.

Löse diesen komplexen Satz in **Einzelsätze**, gegebenenfalls in **Satzgefüge** auf. **Verbalisiere** dabei die gekennzeichneten **Nominalisierungen**.

Bemühe dich, möglichst jede Aussage in einem eigenen Satz unterzubringen. Dass du dabei geringfügig ergänzen darfst, ist selbstverständlich.

D 23

Versetze dich nun in die Rolle eines Schulleiters, welcher der SV nicht nur eine grammatisch richtige, sondern eine verständliche Mitteilung schicken will. Schreibe diese Mitteilung!
Wenn du Schwierigkeiten mit dem Begriff „Ermessen" hast, schlag bitte nach!

Sicher gibt es „Satzbaumeister", die mit Freude solch verschachtelte Sätze lesen, schreiben oder daran herumtüfteln. Dagegen ist ja im Prinzip nichts einzuwenden!

Allerdings muss man darauf achten, wen man mit derartigen Satzungeheuern beglückt. Schließlich will man doch verstanden werden – oder?

Im Umgang mit sprachlichen Mitteln muss der Sprecher bzw. Schreiber immer berücksichtigen, **wer** der **Adressat** ist, und sich auf dessen sprachliche Möglichkeiten einstellen.

Der Schreiber/Sprecher soll sich, wenn er seine Mitteilungsabsicht im Kopf hat, Folgendes fragen:

– Mit **welcher Satzkonstruktion** bringe ich meine Gedanken am wirkungsvollsten zum Ausdruck?

– **Welche Begriffe** bezeichnen die Sachverhalte zutreffend, die ich mitteilen möchte?

– Wie kann ich **Schachtelungen** in unübersichtlichen Sätzen **vermeiden?**

– Wie kann ich **Nominalisierungen zweckmäßig verwenden,** das heißt, werden sie der besseren Satzübersicht und damit der Verständlichkeit dienen?

Übung D 24

Forme folgenden Text um, indem du möglichst viele **Nominalisierungen** auflöst.

Denke dabei daran, dass du aus Gliedern der **Hauptsätze ganze Sätze (Gliedsätze)** entstehen lassen kannst.
Probiere mehrere Möglichkeiten aus, bevor du dich für ein **Satzgefüge/einen Satz** entscheidest.

Wettkampf im Hochgebirge

a) Beim Aufstieg auf den Sechstausender entdeckten die Bergsteiger frische Spuren einer anderen Expedition.

b) Trotz genauen Absuchens der Umgebung mit Ferngläsern konnten sie aber den Aufenthaltsort der Konkurrenten nicht entdecken.

c) Während dieses Halts geriet der letzte Mann ins Rutschen und verursachte eine erhebliche Gefährdung.

d) Ein Abstürzen der gesamten Gruppe konnte nur durch das beherzte Handeln des Expeditionsleiters verhindert werden.

e) Durch geistesgegenwärtiges Einhaken des Eispickels in eine Eisspalte vermied er ein Unglück …

f) Nach Erreichen des Gipfels waren alle Expeditionsmitglieder erschöpft.

g) Das Fehlen von Sauerstoff machte sich in dieser gewaltigen Höhe bemerkbar.

h) Die Auswirkung auf den menschlichen Organismus zeigte sich in Müdigkeit und Atemnot.

i) Trotz Spürens der großen Anstrengung brachte der freie Blick über die gewaltigen Gebirgsketten reichlich Entschädigung.

j) Beim Fotografieren der Gruppe mittels Selbstauslöser schwenkte der Spaßvogel der Gruppe die mitgebrachte Vereinsfahne.

k) Die Entdeckung der Annäherung der anderen Gruppe an den Gipfel bereitete den Erstbesteigern nun keine Sorgen mehr.

l) Die Begrüßung beider Expeditionen war trotz der Wettkampfsituation freundschaftlich.

m) Der Beschluss zum gemeinsamen Abstieg war schnell getroffen.

n) Unter gegenseitigem Halten und Sichern an gefährlichen Stellen gab es auf dem Weg zurück ins Tal keine Probleme mehr.

o) Doch nach der Ankunft im Zwischenlager machte sich die Anstrengung in völliger Erschöpfung aller Teilnehmer bemerkbar.

Forme den Text „Wettkampf im Hochgebirge" nach einer Stilüberprüfung so um, dass das Verhältnis von Nominal- und Verbalstil deinem Geschmack entspricht.

Übung
D 25

Feste Verbindungen aus Verb und Nomen

Verben spielen in Sätzen eine wichtige Rolle. Als Wortart beschreiben sie Tätigkeiten und Handlungen, als Prädikate legen sie die wichtigen Satzaussagen fest.

Neben Verben in einfacher Form werden auch feste Verbindungen aus Verben und Nomen verwendet.

Hier werden unterschiedliche Möglichkeiten der Verwendung vorgestellt.

1. Funktionsverbgefüge

Aylin ist bedrückt. Max will der Sache auf den Grund gehen.

M: Was ist denn los?

A: Herr Löwenzahn hat einen Brief nach Hause geschickt. Das war vielleicht ein Ärger!

M: Berichte mal genauer!

A: Na, ich hab doch neulich in der Deutschstunde mit der Andrea rumgealbert. Du erinnerst dich doch, dass er mich mehrfach ermahnt hat und dann schließlich richtig wütend geworden ist. Anschließend hat er einen scharfen Brief an meine Eltern geschrieben.

Hier, du kannst ihn auch lesen. Ich soll ihn heute unterschrieben vorzeigen.

Das Schreiben lautet:

Beispiel

> Sehr geehrte Frau Açar,
> sehr geehrter Herr Açar!
>
> Leider muss ich Ihrer Tochter Aylin einen Tadel erteilen.
> Sie hat am Mittwoch eine erhebliche Störung des Unterrichts verursacht, weil sie wiederholt mit ihrer Nachbarin geschwatzt hat. Ich mache ihr den Vorwurf, dass sie auf meine wiederholten Ermahnungen nicht reagiert hat.
> Deshalb habe ich den Entschluss gefasst, Ihnen über die Angelegenheit Mitteilung zu machen.
>
> Mit freundlichem Gruß
> Löwenzahn

M: *Na, so schlimm ist das ja auch nicht. Du weißt doch, dass der nichts nachträgt. Aber der Stil des Schreibens ist schon interessant. Warum schreibt er nicht ‚tadeln'? …*

Übung
me
E 1

Überprüfe den Vorschlag von Max in der folgenden Gegenüberstellung.
Unterstreiche das Prädikat in den Sätzen.
Vergleiche die Prädikate!

1. Ich muss Ihrer Tochter einen Tadel erteilen.

2. Ich muss Ihre Tochter tadeln.

Verben können manchmal ersetzt werden durch die **Verbindung** eines (anderen) **Verbs** mit dem **Akkusativ** eines **Nomens**, das vom ursprünglichen Verb abgeleitet ist, z. B.

     tadeln   einen Tadel erteilen
     fragen   eine Frage stellen
Die Bedeutung bleibt in der Regel gleich.

Derartige Verbindungen nennt man **Funktionsverbgefüge**.

Aus der mehr oder weniger gleichen Bedeutung von einem **Funktionsverbgefüge** (*einen Tadel erteilen*) und einem **einfachen Verb** (*tadeln*) erklärt sich auch der Begriff:
In dem Gefüge aus Verb und Nomen hat das Verb nur eine grammatische „Aufgabe" (= Funktion), und zwar die, im Satz als Prädikat verwendet zu werden. Das Verb hat die Wortbedeutung mehr oder weniger verloren. Die Bedeutung trägt hauptsächlich das **Nomen** (daher auch: **Verbalnomen**).

einen Tadel	*erteilen*	*Beispiel*
↓	↓	
hauptsächlicher Bedeutungsträger	Funktionsverb	

Für Funktionsverbgefüge typische Funktionsverben sind:

– *bringen*
– *kommen*
– *geben*
– *machen*

Übung me E 2

Überprüfe das Schreiben des Herrn Löwenzahn auf weitere Verbindungen aus Verb und Verbalnomen und forme sie in einfache Verben um!

	Verb + Verbalnomen (Akk.)	einfaches Verb
1.	einen Tadel erteilen	tadeln
2.		
3.		
4.		
5.		

Übung E 3

Versuche Funktionsverbgefüge mit den Verben *bringen, kommen, geben* und *machen* zu finden!

Umgekehrt geht es auch, das heißt, du kannst **einfache Verben** in **Funktionsverbgefüge** umwandeln.

Übung me E 4

Suche in folgenden Sätzen für die gekennzeichneten **einfachen Verben** eine Entsprechung aus **Verb und Verbalnomen**. Du kannst sie in der Tabelle auf der nächsten Seite eintragen.

1. Manche Politiker <u>meinen</u>, die Länder der Dritten Welt trügen selbst Schuld an ihrem Elend.

2. Viele Wissenschaftler <u>behaupten</u> dagegen, die Industrienationen hätten diese Armut verursacht.

3. Niemand kann die Richtigkeit der einen oder anderen Ansicht schlüssig <u>beweisen</u>.

4. Ungeachtet dieser Streitfrage ist es die Pflicht der reichen Länder, im Ausgleich für die gewaltige Rohstoffausbeutung der Vergangenheit zur Finanzierung wirkungsvoller Entwicklungshilfe <u>beizutragen</u>.

5. Die meisten reichen Staaten haben <u>sich</u> inzwischen <u>entschlossen</u>, in den Ländern der Dritten Welt Hilfe zur Selbsthilfe zu finanzieren.

6. Auch die Verantwortlichen der Weltbank <u>einigten sich</u> auf Hilfsmaßnahmen.

	einfaches Verb	Verb + Verbalnomen (Akk.)
1.		
2.		
3.		
4.		
5.		
6.		

Herr Löwenzahn schreibt wegen der bevorstehenden Klassenfahrt einen Rundbrief an die Eltern. Auch hier kommen feste **Verbindungen aus Nomen und Verben** vor.

Übung E 5

Unterstreiche diese Verbindungen im Text! Trage sie anschließend in die Übersicht auf der nächsten Seite ein!

> Sehr geehrte Eltern,
>
> ich möchte Ihnen auf diesem Wege Nachricht geben, wie es mit der Planung unserer Klassenfahrt steht. Beim Schulleiter Herrn Otto habe ich den Antrag für die letzte Maiwoche gestellt. Zudem habe ich der Schülerin Lena den Auftrag gegeben, der Jugendherberge im sauerländischen Mollseifen zu schreiben. Frau Reben, die Mutter des Schülers Michael Reben, hat die Absicht bekundet, dass sie Urlaub nehmen und als weibliche Begleiterin mitfahren möchte.
> Sie müssen mir aus versicherungstechnischen Gründen die schriftliche Vollmacht geben, dass ich Ihrem Sohn bzw. Ihrer Tochter erlauben kann, in einer Kleingruppe ohne meine Begleitung oder die von Frau Reben die Jugendherberge zu verlassen.
> Die Klasse und ich haben keine Zweifel, dass die Fahrt zu aller Zufriedenheit verlaufen wird.
> Abschließend möchte ich allen denen meinen Dank sagen, die durch Spenden zum Gelingen der Klassenfahrt erheblich beitragen.
>
> Mit freundlichen Grüßen ...

	Verbindung aus Nomen + Verb	entsprechende Verben
1.		
2.		
3.		
4.		
5.		
6.		
7.		

Suche nun Verben, die die Bedeutung der festen Verbindungen überneh-
men können, und trage auch sie in die Übersicht ein.

Stelle fest, welche Gemeinsamkeiten die gefundenen Verben haben.

Wir fassen also die Erkenntnis aus der letzten Übung zusammen:

Eine Reihe von **Verben** werden mithilfe von Vorsilben, z. B. *be-*, von **Nomen**
abgeleitet.

Beispiel: *be nachricht igen*.

Diese **Nomen** können in der Regel mit **Funktionsverben** ein Funktionsverbgefüge bilden, das dann die **gleiche Bedeutung** hat wie das **abgeleitete
Verb**.

Beispiel: eine **Nachricht** geben.

Unterstreiche nun im folgenden Text alle Verben, die von Nomen abgeleitet
wurden. Ihr Erkennungsmerkmal kennst du bereits.
Trage sie in die anschließende Übersicht ein.

Versuche dann, dazu jeweils die Entsprechung aus einer **Verbindung von
Nomen und Verb** zu finden!

Ein Text mit abgeleiteten Verben ...

1. Die gute Klassengemeinschaft und das positive Auftreten in der Jugendherberge hat die Herbergseltern beeindruckt.

2. Das schöne und sonnige Wetter während dieser Zeit hat die Stimmung aller Beteiligten sicher beeinflusst.

3. Auch Herr Löwenzahn hat die Klasse nach der Rückkehr für ihr vorbildliches Verhalten beglückwünscht.

4. Die Schüler der 8 d haben in ihren Schilderungen gegenüber ihren Eltern die Fahrt ebenfalls günstig beurteilt.

5. Für die Abschlussfahrt in zwei Jahren haben sie bereits eine längere Reise beschlossen.

6. Nach der augenblicklichen Meinung würde die Klasse eine Fahrt nach Berlin bevorzugen.

7. Auch bei Herrn Löwenzahn hat sich das Urteil gefestigt, dass man Klassenfahrten als wichtigen Bestandteil schulischer Erziehung bewerten muss.

	abgeleitete Verben	Verbindungen aus Nomen + Verb
1.		
2.		
3.		
4.		
5.		
6.		
7.		

Formuliere nun den Text um und verwende dabei die Verbverbindungen, die du gefunden hast!

Übung E 7

Ein Tipp:

Wenn du weitere Verben finden willst, die von Nomen abgeleitet werden, schlage im Wörterbuch unter der Vorsilbe *be-* nach!

Verbindungen aus Präposition, Nomen und Verb

Aylin ist ziemlich aufgekratzt.

A: *Ich ziehe in Erwägung einem Turnverein beizutreten.*

M: *Spinnst du?*

A: *Wieso? Sport ist doch gesund. Und in der Schule haben wir ohnehin eine Stunde zu wenig.*

M: *Das meine ich doch nicht. Ich finde deine Sprache in letzter Zeit sehr seltsam. Ich ziehe in Erwägung! Wie das klingt!*

A: *Wenn dich diese Wendung stört, musst du mir schon etwas anderes vorschlagen ...*

a) Überlege, warum Max diese Redewendung kritisiert!

Ich ziehe in Erwägung einem Turnverein beizutreten.

_____

_____

b) Unterstreiche das Prädikat dieses Satzes!

c) Kannst du den Satz ohne Bedeutungsverlust kürzen?

Wie lautet er?

_____

Es gibt **feste Verbindungen** aus **Präposition, Nomen** und **Verb,** die in der Regel ohne Bedeutungsverlust durch ein **einfaches Verb** ersetzt werden können.

Unterstreiche die **Präposition + Nomen + Verb-Verbindungen** in den folgenden Sätzen.
Trage sie in der Grundform in die Übersicht ein.

Suche dann **einfache Verben** mit einer Bedeutungsentsprechung!

Übung

me E9

Streit über die Erwägung?

1. Aylins Entschluss, einem Turnverein beizutreten, wird von Max nicht in Zweifel gezogen, wohl aber die Formulierung, mit der sie dieses Vorhaben ankündigt.
2. Max hat seinen Unmut über diese geschraubte Redensweise unmissverständlich zur Sprache gebracht.
3. Auseinandersetzungen wie diese sind häufig Scheingefechte und lassen ihre Freundschaft nicht in die Brüche gehen.
4. Bevor sie ihre Freundschaft ernsthaft in Gefahr bringen, stellen sie Meinungsverschiedenheiten zur Diskussion.
5. Beide verstehen es, sich bei ungerechtfertigten Angriffen mit geeigneten sprachlichen Mitteln zur Wehr zu setzen.

	Präposition + Nomen + Verb	Verb
1.		
2.		
3.		
4a.		
4b.		
5.		

Schreibe den Text mit den gefundenen einfachen Verben um. Überprüfe, ob er nun den Forderungen von Max entspricht!

Übung

E10

Gebrauch der Funktionsverbgefüge

Übung E 11

Aus einer Zeitungsmeldung:

Berlin. Gestern brachten die Koalitionsparteien im Deutschen Bundestag das Gesetz über die Steuerreform zur Abstimmung …

Finde die feste **Verbindung aus Präposition** + **Nomen** + **Verb** in dieser Zeitungsmeldung.

Wenn jetzt die Frage nach dem entsprechenden **einfachen Verb** kommt, sagst du wahrscheinlich automatisch: *abstimmen*! – leider falsch.
Denn: *Zur Abstimmung bringen* bedeutet, dass **alle** Parteien abstimmen. Mit dem Verb *abstimmen* würde der Satz lauten: *Die Koalitionsparteien … stimmten über das Gesetz … ab* – wo bleiben da die anderen Parteien, also die Opposition?

Vorsicht also bei der **Gleichsetzung Funktionsverbgefüge – einfaches Verb**. Man muss genau prüfen, ob die Bedeutung im Satz wirklich übereinstimmt.

Übung E 12

Vergleiche in folgenden Sätzen jeweils das **Funktionsverbgefüge** (Sätze a) und das **einfache Verb** (Sätze b).
Welche Bedeutungsunterschiede kannst du erkennen?

1a) Sie bringen die Sitzung zum Abschluss.
1b) Sie schließen die Sitzung ab.

2a) Der Bundestag bringt das Gesetz zur Abstimmung.
2b) Der Bundestag stimmt über das Gesetz ab.

3a) Das Auto kam gerade noch rechtzeitig zum Stehen.
3b) Das Auto stand gerade noch rechtzeitig.

Viele **Funktionsverbgefüge** eignen sich vor allem dann, wenn ein **Verlauf**, ein **Vorgang** oder eine **Entwicklung** betont werden soll.

2. Redewendungen

Aylin kommt noch mal auf den Einwand von Max zu ihrer Sprache zurück.

A: *Ich kenne noch eine weitere Verbindung von Verb, Präposition und Nomen. Ob du mir auch dafür etwas anderes vorschlagen kannst?*
M: *Nun sag's mir doch erst einmal!*
A: *Ich setze dich schon noch in Kenntnis.*

a) Wie lautet das Prädikat im letzten Satz von Aylin?
b) Was für eine Bedeutung hat die feste Verbindung?
c) Versuche, sie – ohne Bedeutungsverlust – in ein einfaches Verb umzuwandeln!

Übung E 13

Es gibt feste Verbindungen aus **Präposition, Nomen und Verb,** für die sich **kein einfaches Verb** als Entsprechung finden lässt.

Sie sind im Laufe der Zeit zu **stehenden Redewendungen** geworden. Wenn man einige dieser Verbindungen allerdings wortwörtlich nimmt, entstehen heitere Situationen.

Fülle die Lücken. Unterstreiche die Verbindung aus Präposition + Nomen + Verb. Trage diese Verbindung in der Grundform in die Übersichtstabelle auf der nächsten Seite ein.

Übung E 14

Das neue Konzept heißt Fernwärme

1. Die Stadt Dresden hat den Bau eines neuen Heizkraftwerks in Angriff

   _____ .

2. Dabei wird auch die Versorgung der nördlichen Stadtteile mit Fernwärme in Betracht _____ .

3. Experten hoffen, dass durch dieses Projekt die Bauwirtschaft in Bewegung _____ .

4. Die Firma Baulöwe ist für den Auftrag in die engere Wahl _____ .

5. Die Konkurrenzfirma hat den Auftraggeber deswegen erheblich unter Druck _____ .

6. Die Opposition im Rathaus wird die bekannt gewordenen Unregelmäßigkeiten bei der Vergabe der Aufträge zur Sprache

   _____ .

	Präposition + Nomen + (Verb)	Verben/Verbindungen, die die Bedeutung auch übernehmen können
1.		
2.		
3.		
4.		
5.		
6.		
7.		

Übung E 15

Die oben aufgeführten festen Verbverbindungen haben keine Entsprechung in dem dazugehörenden einfachen Verb. Suche andere Bedeutungsträger, die du in die rechte Spalte eintragen kannst!

Übung E 16

Untersuche Zeitungstexte auf ähnliche Formulierungen. Sammle Verbindungen aus Präposition, Nomen und Verb, die mehrdeutig sind. Wenn es dir möglich ist, zeichne diese Mehrdeutigkeit!

Wir wollen uns in diesen Lerntipps mit dem Thema Hausaufgaben beschäftigen. Damit du bei den Hausaufgaben für dein Grammatikwissen profitieren kannst, hier zunächst eine

FEHLER-CHECKLISTE FÜR DEUTSCHE SPRACHPILOTEN

1. RECHTSCHREIBUNG

○ Groß- und Kleinschreibung
○ Zusammen- und Getrenntschreibung
○ Dehnung
  (a/ah/aa; e/eh; i/ie/ieh; o/oh/oo; u/uh)
○ Konsonantenschreibung:
  Verwechslung von
  ➤ v/f
  ➤ g/k
  ➤ d/t
  ➤ b/p
  ➤ x/chs
  ...
○ Schärfung/Doppelkonsonanten
  (wie bb, pp, mm, nn)
  s-Rechtschreibung (s/ss/ß)
  das/dass-Schreibung
○ Trennung
○ Buchstabenverdrehungen
○ fehlende Umlautstriche
  Verwechslung gleich und ähnlich klingender Wörter (z. B. mahlen/malen)
○ sonstige Fehler

2. ZEICHENSETZUNGSFEHLER

○ falsche oder fehlende Satzschlusszeichen (Punkt, Fragezeichen, Ausrufezeichen)
○ Satzzeichenfehler bei der direkten Rede
○ Kommafehler
  ➤ fehlendes Komma zwischen Haupt- und Nebensätzen
  ➤ fehlendes Komma bei Aufzählungen
  ➤ sonstige Kommafehler
○ sonstige Zeichenfehler

3. GRAMMATIK

○ Endungsfehler
  (z. B. *dem großem Haus* statt *dem großen Haus*)
○ „Übereinstimmungsfehler"
  (Fachwort: Kongruenzfehler;
  z. B. *Der Mann und die Frau singt* statt *Der Mann und die Frau singen*.)
○ Zeitenfehler
○ Fehler beim Gebrauch des Konjunktivs
○ Fehler bei der indirekten Rede
○ Bezugsfehler
○ Satzbaufehler
○ sonstige Fehler

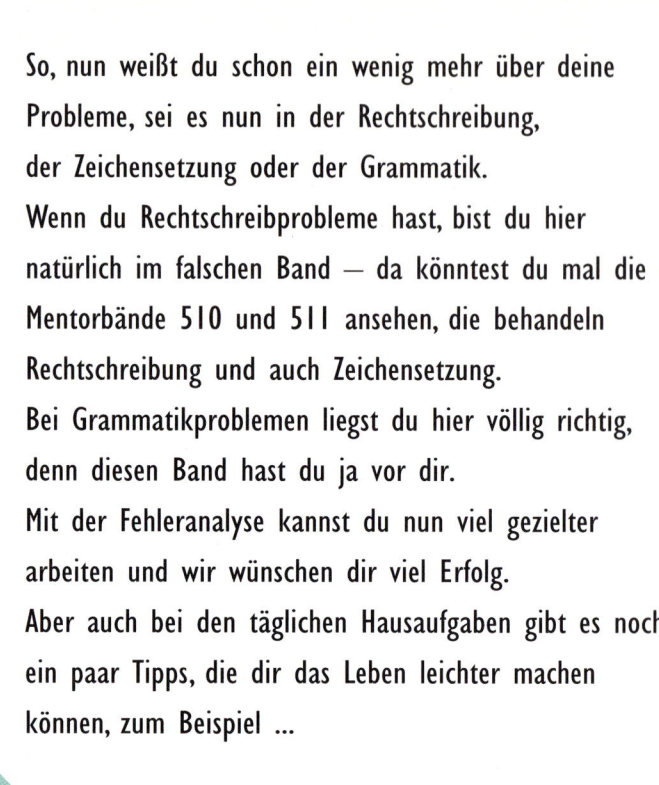

So, nun weißt du schon ein wenig mehr über deine Probleme, sei es nun in der Rechtschreibung, der Zeichensetzung oder der Grammatik.

Wenn du Rechtschreibprobleme hast, bist du hier natürlich im falschen Band — da könntest du mal die Mentorbände 510 und 511 ansehen, die behandeln Rechtschreibung und auch Zeichensetzung.

Bei Grammatikproblemen liegst du hier völlig richtig, denn diesen Band hast du ja vor dir.

Mit der Fehleranalyse kannst du nun viel gezielter arbeiten und wir wünschen dir viel Erfolg.

Aber auch bei den täglichen Hausaufgaben gibt es noch ein paar Tipps, die dir das Leben leichter machen können, zum Beispiel ...

Die Geheimformel

SM-UF/A-LS-IU ...

Der Mensch ist ein Wesen, das Abwechslung braucht. Ständig das Gleiche zu tun führt zu Langeweile und zu schlechteren Leistungen - das gilt für alle Lebensbereiche.

Abwechslung ist die halbe Miete

Beim Hausaufgabenmachen setzen sich aber viele über dieses Naturgesetz hinweg.

Sie erledigen erst alle schriftlichen Arbeiten, dann die mündlichen Aufgaben. Oder sie machen erst die Hausaufgaben in den Sprachen, dann die in Mathe und Physik und dann die in den so genannten Lernfächern.

Das klingt zwar recht praktisch und systematisch. Der Erfolg dieser Methode lässt allerdings zu wünschen übrig, denn man beachtet das Bedürfnis des Gehirns nach Abwechslung dabei nicht. Außerdem ist es doch eigentlich recht langweilig, immer nur das Gleiche hintereinander zu tun, und deshalb braucht man meistens auch länger.

> Willst du also Zeit sparen
> und zugleich erfolgreicher lernen,
> solltest du *Abwechslung schaffen*
>
> ➤ zwischen *schriftlichen* und *mündlichen* Hausaufgaben,
>
> ➤ zwischen Fächern *unterschiedlicher Fachbereiche* bzw. zwischen *unterschiedlichen Aufgabenarten*,
>
> ➤ zwischen *leichten* und *schweren* Hausaufgaben und
>
> ➤ zwischen dem, was du *gerne*, und dem, was du *nicht so gerne* machst.

Allzu viel ist ungesund ...

Sicher kannst du in der Praxis nicht alle Regeln zugleich berücksichtigen.

Es sind „Daumenregeln", die dir den ungefähren Weg zeigen.

Vor allem solltest du die folgenden, leider sehr „beliebten" **Reihenfolgefehler vermeiden**:

• Aufgaben in zwei (Fremd-)Sprachen hintereinander zu erledigen, vor allem wenn es sich um völlig gleiche Aufgabenarten handelt (zum Beispiel: erst die Vokabeln in Englisch, dann die in Französisch lernen; erst die Grammatikübung in der einen Sprache, dann die in der anderen).

- Auch Rechtschreibübungen in Deutsch und Vokabellernen in einer Fremdsprache ähneln sich für das Gehirn!

- Aufgaben in Mathematik und Physik hintereinander zu erledigen;

- Das Lernen in den so genannten „Lernfächern" wie Erdkunde oder Biologie aufeinander folgen zu lassen - die Anforderungen (Verstehen und Einprägen von Hefteinträgen bzw. Buchtexten) sind für das Gehirn gleich!

Wer sagt, dass mündlich gar nicht zählt?

Mündliche Aufgaben sind übrigens nicht weniger wichtig als schriftliche - bloß weil das Fehlen schriftlicher Arbeiten leichter nachweisbar ist. In den Hauptfächern sind mündliche und schriftliche Arbeiten aufeinander bezogen (wie kann man eine Übersetzung machen, wenn man vorher die Vokabeln nicht richtig gelernt hat?), und in den so genannten Neben- oder Lernfächern (Biologie, Erdkunde, Geschichte) muss man den Stoff auch kapieren (nur auswendig zu lernen ist gefährlich!), und die Note ist in diesen Fächern auch wichtig!

Hier kommt nun eine kommentierte Hausaufgabenliste eines Schülers, der sich an die Abwechslungsregel gehalten hat:

Mathe-Aufgaben	schriftlich/1. Lieblingsfach des Schülers
Englisch-Vokabeln	mündlich
Deutsch-Grammatikübung	schriftlich/zwar auch eine Sprache, aber von der Aufgabenart etwas ganz anderes als Vokabeln
Biologie - Hefteintrag	mündlich
Englisch - Übersetzung	schriftlich
Erdkunde - Hefteintrag und Buch	mündlich/2. Lieblingsfach des Schülers/ Aufgaben gehören zusammen, daher nicht aufsplitten

Hast du übrigens die Geheimformel auflösen können?
Wenn nicht, findest du die Lösung hier!

Auflösung der Geheimformel: Abwechslungsregel in Kurzform!
SM = **s**chriftlich und **m**ündlich
UF/A = **u**nterschiedliche **F**achbereiche bzw. **A**ufgabenarten
LS = **l**eicht und **s**chwer
IU = **i**nteressant und **u**ninteressant

Nun ist also klar, dass du Abwechslung brauchst bei den Hausaufgaben. Hier noch ein weiterer Trick, mit dem du dir das nachmittägliche Schülerleben erleichtern kannst:

„Wie soll ich

das nur schaffen?",

sprach der Spaghettibergsteiger ...

Eigentlich geht es hier doch um das Thema Hausaufgaben.

Was haben die nur mit Spaghettibergsteigern zu tun?

„Wie soll ich das nur schaffen?" – dieser Gedanke ist dir sicher wohl vertraut, wenn du mal wieder vor Hausaufgabenbergen sitzt. Stelle dir doch mal vor, du sitzt vor einem riesigen Berg Spaghetti mit feinster Soße – schiebst du etwa den ganzen Teller auf einmal in dich hinein? Wohl kaum, vielmehr isst du Happen für Happen.

▲ Genauso musst du beim Arbeiten vorgehen: Du musst dir den Hausaufgabenberg in kleine Portionen einteilen und schon geht's leichter.

Wer den Berg nämlich nur im Ganzen betrachtet, ist oft so lustlos und demotiviert, dass er das Anfangen hinausschiebt oder während des Arbeitens immer mit einem Teil seiner Gedanken bei dem ist, was ihm noch bevorsteht. Bei der Portionenmethode hast du jedoch nur kleine, gut zu bewältigende Hügelchen vor dir.

▲ Konkret sieht das so aus: Du nimmst, bevor du mit den Hausaufgaben beginnst, dein Hausaufgabenheft und den Stundenplan für den nächsten Tag zur Hand. Dann teilst du die Hausaufgaben in sinnvolle und überschaubare Portionen auf; jede sollte in zehn bis höchstens dreißig Minuten zu schaffen sein.

Eine umfangreichere Hausaufgabe sollte übrigens auch in kleinere „Happen" aufgeteilt werden. Jede der Portionen schreibst du stichpunktartig auf einen kleinen Zettel oder auf eine Liste. Wenn du eine Sache erledigt hast, kannst du den Zettel genussvoll zerreißen oder kräftig durchstreichen oder ...

Und du kannst dir dabei selbst auf die Schulter klopfen und dich loben. Unterschätze nicht die Wirkung solcher „Bonbons", die du dir selber gibst - sie heben die Arbeitsmoral gewaltig an.

Als Beispiel die Zettel eines Schülers, der auch einen gewaltigen Hausaufgabenberg vor sich hatte:

Erdkunde
Buch S. 22 lesen u. Hefteintrag lernen

Englisch
Vokabeln zu Lektion 2a lernen

Deutsch
Gramm.-Übungsblatt Aufg. 2 bearbeiten

Mathe
Übungsblatt Aufg. 2-6 lösen

Englisch
Grammatik lernen (Kap. 15, S. 24)

Deutsch
Lesebuch-Geschichte S.44 lesen u. Fragen 2 u. 3 beantworten

Das Ganze dauert mit ein bisschen Übung nicht mehr als ein oder zwei Minuten - eine wirklich kurze Zeit, die verhindert, dass du das Gefühl bekommst: „Wie kann ich das nur schaffen?"

■ **Adjektiv** = **Eigenschaftswort, Wiewort;** bezeichnet **Eigenschaften** von Lebewesen, Dingen, Gedanken, Zuständen, Tätigkeiten (also Nomen): *fleißig, klein, weit, großartig*, etc.

Deklination Adjektive werden zusammen mit den Nomen dekliniert (gebeugt). Beispiel (Neutrum, Singular):

Nominativ *(= 1. Fall) das starke Rad*

Genitiv *(= 2. Fall) des starken Rades*

Dativ *(= 3. Fall) dem starken Rad*

Akkusativ *(= 4. Fall) das starke Rad*

Adjektivattribut vgl. Attribut

■ **Adverb** = **Umstandswort;** bestimmt die **näheren Umstände** eines Geschehens, ersetzt oft Wortgruppen und ist nicht flektierbar (= nicht veränderbar): *heute, oben, kaum, sehr* usw.

*Er lebt **dort**. (= … in der zehn Kilometer entfernten Stadt)*

■ **Adverbiale Bestimmung (= Adv. Best. = Adverbiale)** = **Umstandsbestimmung** (z. B. Adverb, Adjektiv, Präposition + Adjektiv + Nomen, Gliedsatz); sie gibt Auskunft über die **näheren Umstände** eines Geschehens.

Adv. Best. der Art und Weise (modal) *Er kämpft **unerbittlich**.* (Adjektiv) Hilfsfrage: **Wie?**

Adv. Best. der Folge (konsekutiv) *Es ist **zum Verrücktwerden**.* (Präposition + Nomen = Präpositionalausdruck). Hilfsfrage: **Mit welcher Folge?**

Adv. Best. des Grundes (kausal) *Er fährt **wegen einer wichtigen Verabredung**.* (Präp. + Adj. + Nomen = Präpositionalausdruck) Hilfsfrage: **Warum?**

Adv. Best. des Mittels (instrumental) *Sie schreibt **mit dem Bleistift**.* (Präp. + Nomen) Hilfsfrage: **Womit?**

Adv. Best. des Ortes und der Richtung (lokal) *Ihr bleibt **hier**.* (Adverb) Hilfsfragen: **Wo? Woher? Wohin?**

Adv. Best. der Zeit und Zeitdauer (temporal) *Sie starten **morgen**.* (Adverb) *Ich bleibe **bis zehn**.* Hilfsfragen: **Wann? Wie lange? Wie oft?**

Adv. Best. des Zwecks (final)	*Die Freunde fahren in die Berge **zur Erholung/damit sie sich erholen.*** (Präpositionalausdruck/Gliedsatz) Hilfsfragen: **Wozu? In welcher Absicht?**
■ **Adverbialsatz**	= **Nebensatz**, der die Stelle einer **adverbialen Bestimmung** einnimmt: ***Als es Abend wurde,*** *gingen wir nach Hause.*

= *am Abend*

■ **Adversativsatz**	= **entgegensetzender Gliedsatz** (Adverbialsatz): *Er fuhr mit dem Rad, **während sie zu Fuß ging.***
■ **Akkusativobjekt**	= **Ergänzung** im 4. Fall (vgl. auch Objekt): *Sie spielt **Klavier.*** Hilfsfrage: **Wen oder was** spielt sie?
■ **Aktiv**	= **Modus (Sehweise/Handlungsart)** des Verbs, bei dem der Täter im Vordergrund steht: *Sie **schließt** das Fenster.*
■ **Artikel**	= **Begleiter, Geschlechtswort**; steht vor dem Nomen und richtet sich in Genus, Kasus und Numerus nach ihm:
bestimmt	***der** Fall, **die** Blume, **das** Essen*
unbestimmt	***ein** Mann, **eine** Frau, **ein** Kind*
■ **Attribut**	= **Beifügung** mit näherer Information; steht beim Nomen oder Pronomen:
Adjektivattribut – vorangestellt	*... das **große** Haus ...*
– nachgestellt	*... das Haus, das **große**, ...*
Adverb	*... das Haus **dort** ...; ... das **da** ...*
Apposition	*... das Haus, **das Schmuckstück der Straße**, ...*
eingeschobener Hauptsatz	*... das Haus, **es wurde vor kurzem verkauft**, ...*
Genitivattribut – vorangestellt	*... **des Vermieters** Haus ...*
– nachgestellt	*... das Haus **des Vermieters** ...*
Präposition und Nomen	*... das Haus **am Stadtrand** ...*
vorangestelltes Partizip	*... das **wiederaufgebaute** Haus ...*

Relativsatz   *... das Haus, **das sie erworben haben**, ...*

■ **Attributsatz**   = **Nebensatz**, der die Stelle eines **Attributes** einnimmt:
                        *Hunde, **die bellen**, beißen nicht.*

                        = ***bellende** Hunde*

■ **Aufforderungs-**   Das finite Verb steht in der **Imperativform** am Anfang des Satzes.
   satz   Der Satz schließt mit einem **Ausrufezeichen**: !
                        ***Geht** nach Hause!*

■ **Ausrufesatz**   Der Satz schließt mit einem **Ausrufezeichen**: !
                        Ein tolles Haus!
                        Du hast aber ein riesiges Haus!

■ **Aussagesatz**   = **Aussage** oder **Mitteilung** mit finitem Verb in der Zweitstellung;
                        der Aussagesatz schließt mit einem **Punkt**: .
                        *Die Freunde **gehen** nach Hause.*

■ **bestimmter**   Er wird verwendet, wenn das Nomen bereits bekannt ist (vgl. Artikel):
   Artikel   ***der** Mann*   ***die** Frau*   ***das** Mädchen*

■ **Dativobjekt**   = **Ergänzung** im 3. Fall (vgl. Objekt):
                        *Ich vergebe **dir**.*
                        Hilfsfrage: **Wem** vergebe ich?

■ **Deklination**   = **Beugung** des Nomens. Es gibt 4 Fälle (= **Kasus**):

... im Singular   Maskulinum   Femininum   Neutrum
Nominativ   (= 1. Fall)   *der Stuhl*   *die Tür*   *das Rad*
Genitiv   (= 2. Fall)   *des Stuhls*   *der Tür*   *des Rades*
Dativ   (= 3. Fall)   *dem Stuhl*   *der Tür*   *dem Rad*
Akkusativ   (= 4. Fall)   *den Stuhl*   *die Tür*   *das Rad*

... im Plural   Maskulinum   Femininum   Neutrum
Nominativ   (= 1. Fall)   *die Stühle*   *die Türen*   *die Räder*
Genitiv   (= 2. Fall)   *der Stühle*   *der Türen*   *der Räder*
Dativ   (= 3. Fall)   *den Stühlen*   *den Türen*   *den Rädern*
Akkusativ   (= 4. Fall)   *die Stühle*   *die Türen*   *die Räder*

■ **Demonstrativ-**   = **hinweisendes Fürwort**; tritt auf als **Begleiter** oder als **Stellver-**
   pronomen   **treter** eines Nomens (= einer Person oder Sache):
                        ***Dieses** Buch gefällt mir gut.*   (Begleiter von *Buch*)
                        ***Dies** missfällt mir sehr.*   (Stellvertreter für eine Sache)

- **einfaches Verb**   Es besteht aus einem **Verbstamm** und einer **Endung** (vgl. zusammengesetztes Verb):
lauf-en, spring-en, tob-en

- **Femininum**   s. Genus

- **Finalsatz**   = **Zielsatz** (Adverbialsatz):
*Er lernt viel, **damit er die Prüfung besteht.***

- **finite Verbform**   = **bestimmte Form**; das konjugierte Verb, das in Person, Numerus, Tempus und Modus bestimmt ist (vgl. infinite Verbform):
*Das Kind **singt.***
*Der Hund **hat gebellt.***

- **Fragesatz**   = Formulierung einer **Frage**; schließt mit einem **Fragezeichen**: **?**

Entscheidungs-
frage   Das finite Verb steht zu Anfang des Satzes. Die Antwort lautet meist *ja* oder *nein* (oder *vielleicht*):
***Geht ihr nach Hause?** – Ja / Nein.*

Ergänzungsfrage   Ein **Fragewort** steht am Anfang des Satzes. Der Befragte soll das ergänzen, was erfragt wird:
***Wann** geht ihr nach Hause? – Gleich / morgen früh etc.*

- **Futur I**   = **Zukunftsform:**
*Ich **werde gehen**.*
*Du **wirst lachen**.*

- **Futur II**   = **vollendete Zukunft**; wird verwendet,
a) wenn ein Geschehen oder das Resultat eines Geschehens in der Vergangenheit angenommen wird;
*Er **wird** (gestern) bestanden **haben**.*
b) wenn man sich ein zukünftiges Geschehen als abgeschlossen vorstellt:
*Morgen **wirst** du die Arbeit beendet **haben**.*

- **Genitivobjekt**   = **Ergänzung** im 2. Fall (vgl. auch Objekt):
*Er ist sich **seiner Lage** bewusst.*
Hilfsfrage: **Wessen** ist er sich bewusst?

- **Genus**   = **grammatisches Geschlecht** des Nomens:

Maskulinum	*der* Stuhl	(männlich)
Femininum	*die* Tür	(weiblich)
Neutrum	*das* Geschirr	(sächlich)

- **Gliedsatz**   Ein Gliedsatz ist ein **untergeordneter Satz**. Er kann **nicht allein** stehen:
  ..., da es schneit.
  ..., die morgen kommen wird.

- **Hauptsatz**   Ein Hauptsatz ist **selbstständig**:
  Die Leute gehen spazieren.

- **Hilfsverb**   *sein, haben, werden*
  Es steht **nicht allein als Prädikat**, sondern benötigt ein Vollverb, ein Nomen oder andere Wörter (vgl. Vollverb):
  *Ich **werde** gehen.* (… mit Vollverb im Infinitiv)
  *Du **hast** Masern.* (… mit Nomen)
  *Er **ist** müde.* (… mit Adjektiv)

- **Indefinit-pronomen**   = **unbestimmtes Fürwort**; wird verwendet, wenn eine unbestimmte Menge oder Anzahl gemeint ist:
  jemand, niemand, einige, viele, etwas, nichts, manche usw.

- **Indikativ**   = **Wirklichkeitsform** des Verbs (vgl. Modus, Konjunktiv):
  *Das **ist** Michael.*

- **indirekte Rede**   = **nichtwörtliche, berichtende Rede**; sie kann mit der Konjunktion *dass* eingeleitet sein:
  *Sie sagt, **sie käme später**.*
  *Sie sagt, **dass sie später käme**.*

- **indirekter Fragesatz**   = **Fragesatz**, der in die **indirekte Rede** umgewandelt worden ist. Er wird durch ein **Fragepronomen** eingeleitet:
  *Der Tourist erkundigt sich, **wo denn der Kölner Dom sei**.*

- **infinite Verbform**   = **unbestimmte** (nicht konjugierte) **Form; Infinitiv** und **Partizipien**:
  singen ...
  bellend ... (vgl. Infinitiv, Partizip und finite Verbform)

- **Infinitiv**   = **Grundform des Verbs:**
  denken, springen

- **intransitives Verb**   = **nichtzielendes** Verb; es erfordert kein Akkusativobjekt (vgl. transitives Verb):
  *Ich **reise**.*

- **Irrealis und Potentialis**   (**irreal** = nichtwirklich/unwirklich; **potenziell** = (nur) möglich;) Bezeichnung für den **Konjunktiv II**, die verdeutlicht, dass mit ihm **ausgedachte Sachverhalte** ausgedrückt werden (vgl. Konjunktiv II).

- **Kardinalzahl** = **Grundzahl**; wird in der Regel nicht gebeugt:
  eins, zwei, drei (vgl. Ordinalzahl)

- **Kasus** s. Deklination

- **Kausalsatz** = **Begründungssatz** (Adverbialsatz):
  *Sie fahren mit dem Auto, **weil es regnet**.*

- **Komparation** = **Steigerung von Adjektiven**:
  - Positiv (Grundstufe) *das **starke** Rad*
  - Komparativ (Vergleichsstufe) *das **stärkere** Rad*
  - Superlativ (Höchststufe) *das **stärkste** Rad*

- **Konditionalsatz** = **Bedingungssatz** (Adverbialsatz):
  ***Wenn er genug Geld hat**, kauft er sich ein neues Fahrrad.*

- **Konjugation** = **Beugung** des Verbs

- **Konjunktion** = **Bindewort** (vgl. neben- und unterordnende Konjunktion);
  sie verbindet:
  a) **Wörter:** *du **und** ich*
  b) **Wortgruppen:** *Meine große CD-Sammlung **sowie** meine Bücher...*
  c) **Sätze:** *Sie kommt, **damit** alles gut geht.*

- **Konjunktional-satz** = jeder **Nebensatz,** der durch eine **Konjunktion** eingeleitet wird:
  *Er geht nach Hause, **weil es spät ist**.*

- **Konjunktiv I** = **Möglichkeitsform** des Verbs (vgl. Indikativ); wird verwendet, wenn man etwas für möglich hält und in der **indirekten Rede**:
  *Das **sei** doch bestimmt Michael.*
  *Er sagt, das **sei** nicht wahr.*

- **Konjunktiv II** Ihn verwendet man für die **Nichtwirklichkeit** und für **Wünsche**:
  *Es **wäre** besser **gewesen**, wenn du für die Arbeit **gelernt hättest**.*
  *Ach, **hätte** ich doch **gelernt**!*

- **Konsekutivsatz** = **Folgesatz** (Adverbialsatz):
  *Sie passten nicht auf, **sodass der Kuchen anbrannte**.*

- **Konzessivsatz** = **Einräumungssatz** (Adverbialsatz):
  *Sie aßen den Kuchen, **obwohl er angebrannt war**.*

- **Maskulinum** s. Genus

- **Modaladverb** = **Umstandswort** der Art und Weise:
  möglicherweise, zweifellos, sicherlich, folgendermaßen, nebenbei usw.

■ **Modalsatz**   = **Gliedsatz der Art und Weise**:
*Sie gewann eine Million Mark, **indem sie Lotto spielte**.*

■ **Modalverb**   = **Tätigkeitswort**, das ein Geschehen oder eine Aussage in bestimmter Weise kennzeichnet (z. B. *dürfen, können, mögen, müssen, sollen, wollen):*
*Es **kann** schon sein.*

■ **Modus**   = **Aussageweise** des Verbs (vgl. auch Indikativ und Konjunktiv):
Indikativ   *er denkt*
Konjunktiv   *er denke, er dächte*
Imperativ   *denke (!)*

■ **nebenordnende**   … auch **koordinierende Konjunktion** genannt *(und, oder, beziehungsweise, denn)*; sie verbindet **Gleichrangiges** miteinander:
Konjunktion   a) *Sekt **oder** Selters*
b) *Sie gewinnt **und** er ärgert sich.*

■ **Neutrum**   s. Genus

■ **Nomen**   = **Namenwort, Hauptwort**; bezeichnet Lebewesen, Dinge, Gedanken,
(Substantiv)   Gefühle, Vorstellungen, Begriffe u. a.; im Satz für Subjekt, Objekt oder adverbiale Bestimmung gebraucht:
Stuhl, Fahrbahn, Rad, Müdigkeit, (am) Morgen

■ **Nominalisie-**   = **Ableitung von Nomen** aus Verben oder Adjektiven (vgl. auch
rung   Verbalisierung):
*essen – **das Essen***
*schmecken – **der Geschmack***
*fleißig – **der Fleiß***
*gerecht – **die Gerechtigkeit***

■ **Nominalstil**   = Ausdrucksweise, bei der hauptsächlich **Nomen verwendet** werden:
Die Verwendung des Nominalstils unter Berücksichtigung von Verdichtungsvorgaben bei Missachtung der Verständlichkeit …

■ **Numerale**   = **Zahlwort** (vgl. Kardinalzahl und Ordinalzahl)

■ **Numerus**   = **Anzahl** (vgl. auch **Singular** und **Plural**)

■ **Objekt**   = **Ergänzung** zum Prädikat:
*Ich gebe **dir einen Stift**.* (Dativ- und Akkusativobjekt)
*Du benutzt **ihn**.* (Akkusativobjekt)

■ **Objektsatz**   = **Nebensatz**, der die Stelle eines (Akkusativ-, Dativ- oder Genitiv-)
Objektes einnimmt:
*Ich weiß nicht, **wen du meinst**.*

- **Ordinalzahl**   = **Ordnungszahl**; wird zusammen mit dem Nomen wie ein Adjektiv gebeugt (vgl. Kardinalzahl):
  a) *Den **ersten** Preis erhielt sie.*
  b) *An einem **zweiten** Preis hätte er keine Freude.*

- **Partizip**   = **Mittelwort**:

Partizip I
(Präsens)   *denkend*

Partizip II
(Perfekt)   *gedacht*

Gebrauch beim Verb: *Er hatte **gedacht**.*
Adjektivischer Gebrauch: *die **denkende** Schülerin*
                                 *der **gedachte** Zweck*

- **Passiv**   = **Sehweise (Handlungsart) des Verbs**, bei dem das Geschehen oder die Person im Vordergrund steht, auf das bzw. auf die sich die Handlung bezieht:
  *Das Fenster **wird geschlossen**.*

Vorgangspassiv/   Es betont den **Vorgang**:
Handlungspassiv   *Das Fenster **wird geschlossen**.*

Zustandspassiv   Es betont den **Zustand**:
                   *Das Fenster **ist geschlossen**.*

- **Perfekt**   = **vollendete Gegenwart**:
  *Ich **bin gegangen**.*
  *Du **hast gelacht**.*

- **Person**   *ich denke* (= 1. Person der Verbform)
                 du denkst (= 2. Person)

- **Personal-pronomen**   = **persönliches Fürwort**; steht **stellvertretend** für ein Nomen (z. B. den/die Sprecher = *ich, wir* oder den/die Angesprochenen = *du, ihr*):
  ich, du, er/sie/es, wir, ihr, sie

Deklination

… im Singular	1. Person	2. Person	3. Person Maskul.	Femin.	Neutrum
Nominativ	*ich*	*du*	*er*	*sie*	*es*
Genitiv	*meiner*	*deiner*	*seiner*	*ihrer*	*seiner*
Dativ	*mir*	*dir*	*ihm*	*ihr*	*ihm*
Akkusativ	*mich*	*dich*	*ihn*	*sie*	*es*

... im Plural	1. Person	2. Person	3. Person		
			Maskul.	Femin.	Neutrum
Nominativ	*wir*	*ihr*		*sie*	
Genitiv	*unser*	*euer*		*ihrer*	
Dativ	*uns*	*euch*		*ihnen*	
Akkusativ	*uns*	*euch*		*sie*	

■ **Plural**

= **Mehrzahl**:
die Jungen, die Mädchen

Einige Nomen haben keinen Plural:
das Geschirr, das All, die Menschheit

■ **Plusquam-perfekt**

= **Vorvergangenheit**
Ich war gegangen.
Du hattest gelacht.

■ **Possessiv-pronomen**

= **besitzanzeigendes Fürwort**; gibt an, zu wem etwas gehört:
mein Haus, dein Auto, sein Pferd, unser Garten

■ **Potentialis**

(vgl. Irrealis)

■ **Prädikat**

= **Satzaussage** (richtet sich in Person und Numerus stets nach dem Subjekt); gibt an, was jemand tut oder was geschieht.
Ich schreibe.
Du singst.

■ **Prädikativ/ Prädikation**

= **Satzglied**, das eine **Gleichsetzung zum Subjekt** schafft (Nomen, Adjektiv, Adverb).

Es steht mit den Verben *sein, werden, bleiben, heißen* und *scheinen*:
Er heißt Max.   (Nomen)
Sie ist schlau.   (Adjektiv)
Sie bleibt hier.   (Adverb)

■ **Präposition**

= **Verhältniswort**; gibt das Verhältnis zwischen Personen und Dingen untereinander an und steht **vor** seinem Bezugswort (Nomen, Pronomen):
auf, von, zu, ohne, mit usw.

Präpositionen werden **nicht flektiert** und stehen mit bestimmten Kasus:
während des Essens   (Genitiv)
mit dem Bus   (Dativ)
durch die Lage   (Akkusativ)

- **Präpositional-objekt** Es wird durch eine Präposition eingeleitet:
  *Ich denke **an alles**.*
  *Sie bestehen **auf ihrem Recht**.*
  Hilfsfragen: **An wen oder was? Auf was?**

- **Präsens** = **Gegenwartsform**:
  *Ich **gehe**.*
  *Du **lachst**.*

- **Präteritum/ Imperfekt** = **Vergangenheitsform**:
  *Ich **ging**.*
  *Du **lachtest**.*

- **Pronomen** = **Fürwort**; Sammelbegriff;
  Vergleiche Demonstrativpronomen, Indefinitpronomen, indirekter Fragesatz (Fragepronomen), Personalpronomen, Possessivpronomen, Reflexivpronomen, Relativpronomen

- **Reflexiv-pronomen** = **rückbezügliches Fürwort**; bezieht sich auf den Träger des Geschehens:
  *Sie erkundigt **sich**.*
  *Ich erfreue **mich** bester Gesundheit.*

- **Relativadverb** Es wird wie ein **Relativpronomen** verwendet:
  wo, womit, woher, wohin, wovon.

  *Frankreich, **woher** das Baguette stammt, ...*

- **Relativ-pronomen** = **Fürwort**, das einen **Relativsatz** einleitet. Es richtet sich im Genus und Numerus nach dem Bezugsnomen im Hauptsatz, im Kasus nach der Personalform im Relativsatz (vgl. dazu Relativsatz):
  *Die Frau, **die** in den Bus steigt.*
  *Der Mann, **der** zu spät kommt.*

- **Relativsatz** = **Gliedsatz**, der durch ein **Relativpronomen** eingeleitet wird; er bezieht sich auf das Bezugsnomen im Hauptsatz:
  *Das Fahrrad, **das gewartet wurde**, läuft gut.*

- **Satzgefüge** = **Gesamtsatz**, bestehend aus **Hauptsatz** und **Gliedsatz**.
  Sie gehen nach Hause, obwohl sie noch bleiben könnten.

- **Satzglieder** Satzglieder sind Bestandteile, in die sich ein Satz aufgliedern lässt; sie sind Bausteine des Satzes: z. B. Subjekt, Prädikat, Objekt, adverbiale Bestimmung (vgl. dort).

■ **Satzreihe** = Die **Verknüpfung von zwei Hauptsätzen**. Diese werden entweder durch ein Komma getrennt und/oder durch eine Konjunktion eingeleitet:
*Er kommt**,** sie bleibt zu Hause.*
*Du lernst **oder** du wirst nicht bestehen.*
*Sie spielen**,** **aber** wir lernen.*

■ **schwaches Verb** Ein Verb verändert sich „schwach", wenn bei der Konjugation der **Wortstamm** unverändert **bleibt** (vgl. starkes Verb):
*er **antwort**et – er **antwort**ete*
*sie **hüpf**en – sie **hüpf**ten*

■ **Singular** = Einzahl (vgl. Plural):
***der** Junge, **das** Mädchen*

■ **starkes Verb** Ein Verb verändert sich „stark", wenn sich bei der Konjugation auch der **Wortstamm verändert**:
*ich **nehm**e – ich **nahm***
*sie **bitt**et – sie **bat***

■ **Subjekt** = **Satzgegenstand** (Nomen oder Pronomen); gibt an, wer oder was etwas tut oder was geschieht.
***Das Buch** ist schön.* (= Artikel + Nomen)
***Es** ist auch dick.* (= Pronomen)

■ **Subjektsatz** = **Nebensatz**, der die Stelle eines **Subjektes** einnimmt:
Wer zuerst kommt, mahlt zuerst.

= ***Der zuerst Kommende ...***

■ **Substantiv** s. Nomen

■ **Temporalsatz** = **Zeitsatz**:
Seitdem Max mit Aylin lernt, versteht er die Grammatik besser.

■ **Tempus** = **Zeitform** (Gegenwart, Vergangenheit, Zukunft):

ich denke	*ich dachte*	*ich werde denken*
Präsens	Präteritum	Futur I

■ **transitives Verb** = **zielendes Verb**; es erfordert ein **Akkusativobjekt** (vgl. intransitives Verb):
*Wir **kaufen** Blumen.*

■ **unbestimmter Artikel** Er wird verwendet, wenn das Nomen noch **unbekannt** ist:
***ein** Mann*   ***eine** Frau*   ***ein** Mädchen*

- **uneingeleiteter Nebensatz** = **jeder Nebensatz**, der **nicht** durch Konjunktion, Pronomen usw. eingeleitet wird:
  *Sie sagt, **sie bleibe noch.*** (= hier: indirekte Rede)

- **unterordnende Konjunktion** ... auch **subordinierende Konjunktion** genannt (*da, damit, sodass, obwohl* etc.); sie schließt einen Gliedsatz an einen Hauptsatz an:
  *Sie gewinnt, **weil** sie trainiert hat.*

- **Verb** = **Tätigkeitswort, Tunwort, Zeitwort**; bezeichnet **Zustände** (*liegen*), **Vorgänge** (*wachsen*) und **Tätigkeiten** (*bauen*).

- **Verbalisierung** = **Ableitung** von Verben aus **Nomen** oder **Adjektiven** (vgl. Nominalisierung):
  *Nachricht – be-**nachricht**-igen* (**Nomen**)
  *groß – ver-**größ**-ern* (**Adj.**)

- **Verbalnomen** = **Nomen**, das in einer Verbindung aus **Verb** + **Nomen** vorkommt:
  *einen **Tadel erteilen***
  *zum **Ausdruck bringen***

- **Vollverb** Mit einem **Vollverb** und einem Nomen/Pronomen lässt sich ein Satz bilden (vgl. Hilfsverb):
  *Sie **schwimmen**.*
  *Die Leute **fahren**.*

- **Wortart** Wörter lassen sich in Wortarten einteilen, in **flektierbare** (= können gebeugt werden): **Verb, Nomen, Pronomen, Artikel** und **Adjektiv**; oder in **nichtflektierbare**: **Adverb, Konjunktion, Präposition** und **Numerale** (vgl. dort).

- **Wunschsatz** Das **finite Verb** steht im **Konjunktiv**.
  Der Satz schließt mit einem **Ausrufezeichen**: !
  Würdet** ihr doch nach Hause **gehen!
  *Wenn ihr doch **gehen würdet!***

- **zusammengesetztes Verb** Es besteht aus einem einfachen Verb (vgl. dort) und einer **Vorsilbe:**
  *ver-laufen, **ent**-wickeln, **ge**-frieren*
  *über-holen, **zusammen**-kommen, **hinter**-legen*

Quellenhinweise

Seite	Quelle
25	(Übung A 14) frei nacherzählt nach: „Die Burg der Kinder" aus: Lesebuch 6. Schuljahr von Werner Klose, Heliopolis Verlag.
60	Vier Comics aus: „Deutsch Helfer, Rechtschreiben 1, 5./6. Klasse", mentor Verlag GmbH, München. (Text leicht verändert und der neuen Rechtschreibung angepasst!) Mit freundlicher Genehmigung des STUDIENKREISES, Bochum.
80 f.	„Feuer um Mitternacht" von Boy Lornsen, Thienemann Verlag, Stuttgart.
82	„Rückzug ins Getto", aus „Die Woche" vom 14.03.1997 (erscheint schon in neuer Rechtschreibung!).
83	„Selbstanzeige, Schriftsteller im Gespräch" von Werner Koch/Heinrich Böll, S. Fischer Verlag, Frankfurt.

In einigen wenigen Fällen ist es uns trotz intensiver Bemühungen nicht gelungen, die Rechteinhaber zu ermitteln. Für entsprechende Hinweise sind wir dankbar.

mentor Lernhilfe

Deutsch

7./8. Klasse

Grammatik:
Zusammengesetzte Sätze, Nominalisierung, Indikativ und Konjunktiv, Aktiv und Passiv

Volker Allmann
Juliane Martinsen
Michael Schlemminger-Fichtler

Lösungsteil

(an der Perforation heraustrennen)

mentor
Eine Klasse besser.

a) Die Sonne scheint, Aylin schwingt sich auf ihr Fahrrad.
b) Der Himmel bewölkt sich. Im Fernsehen läuft gerade eine Talkshow.

Begründung: Eine Satzreihe eignet sich besonders dann, wenn sich die Sätze inhaltlich nahe sind. Das ist in a) der Fall, in b) nicht.

a) Anna ist sauer, *weil* …
b) Er spielte so gut, *dass* …
c) Ich komme morgen, *wenn* …
d) *Als ob* sie es geahnt hätten, …
e) Sie üben ihr Stück, *damit (sodass)* …
f) Er fährt heute Skateboard, *sofern (wenn)* …

A

a) denn
b) aber, doch, (nur)
c) und
d) oder

a) Das Kind weinte, es hatte seinen Schlüssel verloren.
b) Der Hund näherte sich vorsichtig, (denn) er fürchtete sich.
c) Er wusste den Weg nicht mehr, (aber) seine Frau war auch ratlos.
d) Ich half ihr, (aber) gern tat ich es nicht.
e) Er glaubte ihr nichts mehr, sie verließ ihn deshalb bald.
f) Er spielte Orgel (und) die Kinder sangen dazu.
g) Mein Vater raucht Zigarren, (doch) früher rauchte er Zigaretten.
h) Das Geschäft lief gut, der Gewinn ließ sich sehen.
i) Er muss einfach zustimmen (oder) ich kann ihm auch nicht mehr helfen.
j) Der Vitamine wegen hält meine Mutter frisches Gemüse für unersetzlich, (deshalb) kommt es bei uns täglich auf den Tisch.
k) Im Winter kommen die Rehe bis ans Haus, im Sommer bleiben sie scheu im Wald.
l) Kurz vor den Zeugnissen strengen sich viele enorm an (und) einige erreichen so tatsächlich das Klassenziel.
m) Viele Leute besuchten die verlängerte Ausstellung moderner Kunst in Düsseldorf, auch Leute aus Hamburg kamen angereist.
n) Ein großer Teil der Schüler hat einfach keine Lust zu den Hausaufgaben, nur wenige erkennen schon früh die Notwendigkeit.

Erläuterung: Satz e: *deshalb* ist hier Adverb; Satz m und n: *auch* und *nur* sind Partikeln, keine Konjunktionen.

a) Die Leiterin begrüßte mich freundlich, (als) ich ankam.
b) (Während) die anderen die Weihnachtsvorbereitungen machten, stellte man mich erst einmal vor.
c) Endlich kamen die Musiker (und) begannen mit dem Stimmen ihrer Instrumente. **(Kein Komma!)**
d) Ich war dann sehr froh, (dass) alles noch geklappt hatte.
e) Das Konzert wurde begeistert aufgenommen (und) am Schluss mit viel Beifall bedacht! **(Kein Komma!)**
f) Er musste daheim bleiben, (weil) er zum Arzt musste, denn sein Bein tat weh.
g) Mein Freund spielt selbst ein Instrument (und) übt oft tagelang dasselbe Stück. **(Kein Komma!)**

Fortsetzung Übung A 6

h) Er gab mir eine schlechte Note und schimpfte mich aus∅ (obwohl) ich mich doch angestrengt hatte.

i) (Als) sein kleiner Hund verschwunden war∅ suchte der Junge so lange∅ (bis) er ihn endlich fand.

j) Mein Bruder Matthias hatte Geburtstag∅ (deshalb) wollte ich ihm einen Kuchen backen∅ (denn) ich wusste∅ (dass) ich ihm damit eine große Freude machen würde.

k) Ich ging in die Küche∅ (als) mein Vater vom Einkaufen kam und gerade die Milch in den Kühlschrank stellte∅ (damit) sie frisch bliebe.

Übung A 7
S.18

Wenn die Sätze ohne Komma stehen, gerät man als Leser leicht ins Stocken und es können Missverständnisse entstehen. So wird man beim Lesen zunächst die Sätze so verstehen (kursiv gedruckt):

a) Er hat *uns mehrmals bekocht und uns* …

b) Sie ging *zu ihrer Freundin und (zu) deren Bruder* …

c) Wir warten *auf euch oder die Kinder* …

d) Es ergab sich oft, *dass sie … und dass* …

Die Kommas klären die Bezüge innerhalb der Sätze und damit die Bedeutung. (Lies dazu noch einmal die Beispielsätze!)

Übung A 8
S.19

a) Er hat sie nie beachtet∅ und sie hat das nicht bedauert.

b) Er hat sie nie beachtet und er ist ihr nie gefolgt.

c) Marco fährt Rad mit Aylin und er spielt später mit dem Gameboy.

d) Marco fährt Rad mit Aylin∅ und Maria spielt mit dem Gameboy.

e) Ich stelle fest, dass ich immer öfter Milch trinke∅ und dass es mir sehr gut schmeckt, wenn ich dazu ein Käsebrot esse.

f) Ich stelle fest, dass ich immer öfter Milch trinke und dass es mir sehr gut schmeckt.

g) Wir spielen heute Fußball auf dem Hof oder wir bleiben zu Hause.

h) Wir spielen heute Fußball auf dem Hof∅ oder wir machen ein Picknick auf der Wiese.

Übung A 9
S. 21

Nach meiner Kenntnis …;
Aus Mitleid …;
Bis zum Ende des Schuljahres …;
Wegen seiner schwachen Leistungen …

Übung A 10
S. 22

Soweit er das beurteilen könne, …
…, weil er Mitleid mit mir gehabt habe.
…, bis das Schuljahr zu Ende sei.
…, weil ich so schwache Leistungen hätte.

Übung A 11
S. 22

Soweit … könne, …	*Wie?*
…, weil … habe.	*Warum?*
…, bis … zu Ende sei.	*Wann? Wie lange?*
…, weil … hätte.	*Warum?*

Übung A 12
S. 22

1. **Adverbialsätze** werden in **adverbiale Bestimmungen** umgeformt:

Adverbialsätze		Adverbiale Bestimmungen
b) Obgleich sie noch völlig unerfahren war, …	→	Trotz mangelnder Erfahrung übernahm sie …

c) …, denn sie war sehr fleißig. → <u>Durch ihren großen Fleiß</u> war sie …
h) …, obwohl sie sehr viel erlebte. → <u>Trotz vieler Erlebnisse</u> wurden …
j) …, da ihr die Berufspraxis … zu eintönig war. → <u>Wegen der Eintönigkeit der Berufspraxis</u> … hörte sie auf, …

2. **Adverbiale Bestimmungen** werden in **Adverbialsätze** umgeformt:

Adverbiale Bestimmungen		Adverbialsätze
a) … schon früh …	→	…, <u>als es noch früh in ihrem Leben war</u> …
d) Durch ihre große Sparsamkeit …	→	<u>Weil sie sehr sparsam war</u>, …
e) Dort …	→	<u>Als sie dort ankam</u>, …
f) Durch ihre guten Prüfungen …	→	<u>Da die Prüfungen ein gutes Ergebnis hatten</u>, …
g) Zu Beginn des Jahres 1996 …	→	<u>Als das Jahr 1996 begann</u>, …
j) Nach Ablauf einiger Jahre …	→	<u>Als einige Jahre vergangen waren</u>, …
… trotz der vielen Auslandsaufenthalte …	→	…, <u>obwohl sie viel im Ausland war</u>.

A

d) ist richtig, denn im 1. Satz klingt Aylins Gliedsatz umständlich. Im 2. Satz ist das Adjektivattribut von Max zu lang und wirkt deshalb schwerfällig. Längere Attribute sollten also zu Gliedsätzen (Relativsätzen) umgeformt werden.

Übung A 13
S. 24

Unterstrichen sind die Relativsätze:
a) Die Studentin, <u>die jung war</u>, …
b) Sie ließ die Kinder, <u>die noch gar nicht ängstlich waren</u>, …
c) … und sahen dem Anstieg der Flut, <u>der bedrohlich war</u>, stumm zu.
d) … an der Sandburg, <u>die so stolz und schön war.</u>
e) … durch das Wasser des Wattenmeeres, <u>das gefährlich war</u>, …

Übung A 14
S. 25

a) Die <u>vor kurzer Zeit noch so fröhlichen</u> Kinder wurden …
b) Doch sie vertrauten dem <u>ruhigen und mutigen</u> Jungen.
c) … auf die <u>jetzt ängstlichen</u> Kinder.
d) … das <u>fürchterliche</u> Gefühl der Hoffnungslosigkeit.

Übung A 15
S. 26

a) Die Hausfrauen, die am Wochenende fast ausschließlich in der Küche stehen, protestieren mit Recht.
b) Die Kinder, die jedem Werbeversprechen glauben und jeder Verkaufstaktik ausgeliefert sind, kaufen …
c) Die Menschen, die sich ständig beobachten und (sich) vor jedem Spiegel drehen, machen sich …

Übung A 16
S. 26

a) Die Großmutter, (die) selten im Leben verreist war, wollte diesmal mit uns in die Ferien fahren.
b) Sie erzählte das meinen Eltern, (die) sehr erfreut waren.
c) Durch die Großmutter, (die) ja auch abends da sein würde, würden sie allein etwas unternehmen können.
d) Die Kleinen, (die) Großmutters Märchen liebten, freuten sich besonders.
e) Großmutter selbst freute sich auf die hohen Berge, (deren) schneebedeckte Gipfel auch mich beeindruckt haben.

Übung A 17
S. 26

a) Ich erkannte den Mann, *dessen* Gesicht mir aufgefallen war, …
b) Seine Augen, *die* groß und ausdrucksvoll waren, …
c) Die wenigen Worte, *die* wir miteinander gewechselt hatten, …
d) Bis heute hatte ich die Bekanntschaft, *die* ich in den Ferien gemacht hatte, …

Übung A 18
S. 30

e) Der Zeitungsbericht, *den* ich mit großer Aufmerksamkeit las, …

f) Meine Freundinnen, *deren* Neid ich spürte, …

Übung A 19
S. 30

	Numerus	Genus	Kasus	Frage
Satz a)	Singular	maskulin	Genitiv (2. Fall)	Wessen Gesicht …?
Satz b)	Plural	neutrum	Nominativ (1. Fall)	Wer oder was war eindrucksvoll?
Satz c)	Plural	neutrum	Akkusativ (4. Fall)	Wen oder was haben wir gewechselt?
Satz d)	Singular	feminin	Akkusativ (4. Fall)	(Wen oder) Was habe ich gemacht?
Satz e)	Singular	maskulin	Akkusativ (4. Fall)	(Wen oder) Was las ich?
Satz f)	Plural	feminin	Genitiv (2. Fall)	Wessen Neid …?

Übung A 20
S. 31

Der Relativsatz steht im Satzgefüge an der falschen Stelle, denn das Relativpronomen *den* bezieht sich auf *den Salat* und nicht auf *den kranken Onkel*.

In der vorliegenden Satzstellung hört es sich so an, als ob die Mutter den kranken Onkel im Supermarkt gekauft hätte!

Übung A 21
S. 31

a) Nach dem Training ließ sich die Sportlerin○ die völlig erledigt war○ auf einer Bank nieder.

b) Meine Mutter sucht ein Kindermädchen○ das auch im Haushalt hilft○ für das Baby.

c) Die Katze○ die um ihr Katzenfutter fürchtete○ kratzte die alte Frau.

d) Die Nachttöpfe○ die oft recht übel rochen○ wurden von den Krankenschwestern entleert.

Übung A 22
S. 33

… und hier, meine Damen und Herren, hier ist die Stelle, *von der* die Geschichte …

… denn hier sehen Sie das Bett, *in dem* der schreckliche Mord geschah!

… dort hängt das Schwert, *mit dem* Amalie den Gatten tötete.

Übung A 23
S. 34

a) Er lebt in Köln, *wo* er studiert hat, in einer Stadt, *in der* es sich gut leben lässt.

b) Sie besucht gerne das Geschwister-Scholl-Gymnasium, *wo* sie sich wohl fühlt, und sie möchte zu keinem Gymnasium wechseln, *an dem* sie keine Freundinnen hat.

c) Da läuft schon wieder die Maus, *welche* die zwei Lehrer, *welche* die Pausenaufsicht in der Aula führten, in Aufregung versetzt hat.

d) Da kommt die Katze, *die* der Maus hinterhergelaufen ist.

e) Das Baby war das Niedlichste, *was* ich je gesehen habe.

f) Ein Baby, *das* so niedlich ist, versorge ich gerne.

h) Das, *was* du Baby nennst, ist vielleicht kein Kleinkind mehr.

Übung A 24
S. 34

a) Greenpeace ist eine Organisation○ (die) die Umwelt erhalten und gegen zerstörende Einflüsse schützen will.

b) In dieser Organisation arbeiten vornehmlich jüngere Leute, die ältere Generation unterstützt Greenpeace finanziell.

c) Diese Unterstützung○ (für die) immer wieder geworben wird, ist lebensnotwendig für die Arbeit.

d) Erst kürzlich sah man in den Nachrichten aufregende Szenen aus der Nordsee○ (wo) Greenpeace-Boote die Versenkung einer ausrangierten Ölplattform verhinderten.

e) Doch nicht jeder Bundesbürger○ (der) für den Umweltschutz ist, findet die Aktionen von Greenpeace gut.

f) Es besteht aber Einigkeit bei allen Parteien, dass wir ohne Umweltschutz auf eine Katastrophe zusteuern.

g) Leider vergeht viel Zeit durch die Diskussionen über den richtigen Weg○ (was) die Situation nicht verbessert.

Wie wird der Relativsatz eingeleitet?
In Satz c) durch Präposition und Relativpronomen: *für die*
In Satz d) durch Relativadverb: *wo*
In Satz g) durch Relativpronomen: *was*
Bist du in die „Falle" getappt?
Satz b) und f) sind keine Relativsätze! Begründung:
b) … ist eine Satzreihe: nach dem Komma folgt ein Artikel: *die* ältere Generation
f) Der Gliedsatz wird durch die Konjunktion *dass* eingeleitet.

Übung A 25
S. 35

a) Ulrikes Schirm○ den sie morgens in den Flur gehängt hatte○ war fort.
b) Zu Beginn der Pause○ welche die Mädchen in der Teestube verbrachten○ hatte sie nicht auf den Schirm geachtet.
c) In der Sitzung der SV○ an der Ulrike teilnahm○ machte sie ihrem Ärger Luft.
d) Sie schimpfte über die Klauerei an den Schulen○ die langsam überhand nähme.

Übung A 26
S. 36

a) Zu Weihnachten beobachten wir in der überfüllten Stadt○ die im Lichterglanz erstrahlt○ unsere Mitmenschen○ die Berge von Geschenken heimtragen.
b) Es gibt natürlich auch nachdenkliche Menschen○ die ihr Geld in notleidende Gebiete senden und Not lindern helfen.
c) Aus allen großen Kaufhäusern ertönen Weihnachtslieder○ mit denen man die Käufer anlocken will.
d) Meist steht auch irgendwo ein alter Mann mit weißem Bart○ dessen abgetragener roter Mantel den Glauben an den Weihnachtsmann bei den Kleinsten wecken soll○ die oft bewundernd davor stehen.
e) Doch die Kaufwut○ zu der wir verleitet werden○ wird diesem Fest den Sinn nehmen○ den es über Jahrhunderte hatte.

Übung A 27
S. 36

a) Die im Geschichtsunterricht oft so genannte „gute alte Zeit"○ was immer man darunter versteht○ gab es in keinem Jahrhundert○ von dem die Geschichte uns Wissen vermitteln kann.
b) „Früher" – das ist ein Begriff○ den man genau beschreiben muss.
c) Denken wir mal an das letzte Jahrhundert○ das uns durch vielfältige geschichtliche Quellen gut bekannt ist○ was uns die Beurteilung der Vorgänge erleichtert.
d) Jeder○ der unüberlegt von einer „guten alten Zeit" redet○ sollte sich klarmachen○ dass das○ was er da mit einem Schlagwort behauptet○ bei geschichtlicher Betrachtung nicht haltbar ist.

Übung A 28
S. 37

a) Wir freuen uns auf die Ferien und hoffen, *dass* wir schönes Wetter haben werden.
b) Das Kaninchen, *das* von dem Blick der Schlange gebannt ist, kann nicht fortlaufen.
c) Er sah, *dass* er den Zug nicht mehr erreichen würde.
d) Am Geburtstag bekam sie das Pferd, *das* sie sich so lange gewünscht hatte.

Übung A 29
S. 37

Übung A 30
S. 38

a) *Dass* es wirklich brennt, *das* hatte ich gar nicht erwartet.

b) Gut, *dass* es bald Ferien gibt, *das* freut Lehrer und Schüler.

c) Er erlebte nicht mehr, *dass* sein Sohn Sieger wurde, *das* hätte ihn sicher gefreut.

d) *Das* ist schade, *dass* so wenig Schüler erkennen, *dass das* Lesen ihnen die Welt eröffnet.

e) Wer hätte gedacht, *dass das* so viel Arbeit macht!

Übung A 31
S. 39

a) Gleich sind: <u>ist</u> … <u>gekommen</u>, <u>haben</u> … <u>gesessen</u>, <u>hat</u> … <u>mitgemacht</u>, … <u>gekommen</u> <u>ist</u>, <u>hat</u> … <u>bemerkt</u>, <u>hat</u> … <u>aufgefordert</u>, … <u>vergessen</u> <u>hatte</u>.

b) Unterschiede:

Aufsatz von Max	Aufsatz von Aylin
nichts geahnt	nichts ahnend
einen Streich gespielt	einen Streich spielend
vor sich hingestellt	vor sich hinstellend
verschmitzt gelächelt	verschmitzt lächelnd

Übung A 32
S. 42

a) … [hast] gefühlt → so heißt das Partizip II des Verbs *fühlen*

b) Die zwei fehlenden infiniten Verbformen sind:

1. der Infinitiv (s. o.): *fühlen*
2. das Partizip I: *fühlend*

Übung A 33
S. 42

Partizip I   Partizip II

 1. anfassend   – angefasst
 2. ankommend   – angekommen
 3. bedeutend   – bedeutet
 4. bleibend   – geblieben
 5. denkend   – gedacht
 6. entkommend   – entkommen
 7. hebend   – gehoben
 8. nachbetend   – nachgebetet
 9. nachgebend   – nachgegeben
10. spielend   – gespielt
11. misslingend   – misslungen
12. nehmend   – genommen
13. reißend   – gerissen
14. riechend   – gerochen
15. beginnend   – begonnen
16. seiend   – gewesen
17. schwimmend   – geschwommen
18. stinkend   – gestunken
19. verfassend   – verfasst
20. vollendend   – vollendet

Übung A 34
S. 44

gewesen, gedacht, verabredet, gekommen, geschwungen, gesucht, gefunden, getroffen

Aylins Brief an Max	Verwendung des Partizips II
a) Ich habe gestern unter starken Zahnschmerzen *gelitten*.	… für das Tempus (Perfekt)
b) Der Zahn war *entzündet*.	… als Adjektiv
c) Ich war nach der Behandlung froh, dass der *gezogene* Zahn nicht mehr schmerzen konnte.	… als Attribut vor einem Nomen
d) Der Zahnarzt lächelte mir *entspannt* zu.	… in Verbindung mit einem Verb
e) Abends wurde ich von meiner Familie *verwöhnt*.	… für die Bildung des Passivs

Übung A 35
S. 44

Nehmen Sie teil an dieser *hinreißenden* Fahrt! Sie sehen die *glänzenden* Gipfel unserer Berge, *rauschende* Bäche mit *tosendem* Wasser. Erleben Sie die *erhebende* Stille der Almen mit dem *wohl tuenden* Bimmeln der Kuhglocken! Nach *stärkender* Kaffeepause in *erfrischender* Höhenluft geht's wieder heim. Und das alles kostet Sie nur – zusammen mit einer *wärmenden* Decke und einem Pfund *duftenden* Kaffees – das alles kostet Sie nur 29,75 DM! Bestellen Sie noch heute eine Teilnehmerkarte!

Übung A 36
S. 45

a) Die vergangenen Jahre lassen sich …
b) Von dem im Tessin verbrachten Urlaub schwärmte sie …

Übung A 37
S. 46

1. a) Ein viele Menschen empörender Vorfall ereignete sich … (P I)
   b) … sein Auto an einer sehr belebten Straße geparkt. (P II)
   c) Im Auto blieb der friedlich schlafende Säugling, als … (P I)
   d) Das Auto stand mit ganz hochgekurbelten Fenstern … (P II)
   e) Ein zufällig hineinschauender Mann sah, dass das Baby … (P I)
   f) Er alarmierte die mit Blaulicht herbeieilende Feuerwehr. (P I)
   g) Das anschließend in das Auto gehaltene Thermometer … (P II)
   h) Der in höchster Lebensgefahr schwebende Säugling … (P I)
   i) Das ahnungslos zurückkehrende Ehepaar wurde … (P I)
   j) Mit nicht gespielter Bestürzung erfuhr das Ehepaar … (P II)

2. a) Dieses Ereignis, das überaus erschreckend war, verfolgte das Ehepaar noch lange.
   b) Der Richter, der mit dem Fall betraut war, verurteilte das Ehepaar zu einer Bewährungsstrafe.
   c) Heute geht das Ehepaar, das noch einmal glimpflich davongekommen war, nur noch zusammen mit seinem Kind, das inzwischen älter geworden ist, einkaufen.

Übung A 38
S. 47

1. a) Die weinende Frau verließ den Saal.
   b) Die schrecklich weinende Frau verließ den Saal.
   c) Die schrecklich vor sich hinweinende Frau verließ den Saal.
2. a) Keuchend erreichte der Läufer das Ziel.
   b) Heftig keuchend erreichte der Läufer das Ziel.
   c) Heftig und bis zur Erschöpfung keuchend(,) erreichte der Läufer das Ziel.

Übung A 39
S. 50

	Lange Erweiterung	P		
Satz 1 a), b), c)	Kein Komma! Siehe Regel auf S. 48		Satz 2 a) u. b)	Kein Komma! Siehe Regel auf
Satz 2 c)	Komma möglich (siehe Regel S. 49 Mitte)!			S. 49 (oben)

Übung A 40
S. 50

Auf einer Schaffarm in Australien

a) Zu großen Haufen aufgestapelt lag die Schafwolle auf der Erde.
E · P

b) Gestern erst geschoren wurde sie von LKWs in die Fabrik gebracht.
E · P

c) In ihren Ställen laut blökend liefen die nackten Schafe herum.
E · P

d) Durch ein gutes Mittagessen gestärkt wurde die Arbeit von den Männern wieder
E · P
aufgenommen.

e) Die Scherer, müde beim Kaffee sitzend, betrachteten zufrieden das Bild.
E · P

f) Darum gebeten haben einige Männer etwas länger gearbeitet.
E · P

g) Die Farm, in der Abendsonne friedlich leuchtend, war für diese Nacht ihr Quartier.
E · P

h) Befriedigt über die Höhe des Lohnes suchten sie bald ihr Lager in den Ställen auf.
P · E

i) Die Männer, gegerbt von Sonne und Wind, waren nicht verwöhnt.
P · E

j) Der Farmer nahm, der Abenddämmerung zusehend, noch einen Schluck Kaffee.
E · P

k) Er sah sich, sie nicht länger beachtend, noch einmal das Tagewerk an.
E · P

l) Der Farmer, bereits die Höhe des Gewinns berechnend, saß noch beim Licht der
E · P
Petroleumlampe in seinem Arbeitszimmer.

m) Am Morgen wird er der Erste sein, laut den Hof zur Arbeit weckend.
E · P

n) Dann werden wieder laut blökende und verschreckt umherlaufende Schafe in
E · P · E · P
den Ställen zu sehen sein. (kein Komma)

Übung A 41
S. 51

Die Sätze stimmen nicht, weil sich das Partizip nicht logisch auf das Subjekt bezieht. Es steht im Satz an der falschen Stelle, d. h. nicht in der Nähe seines Bezugswortes.

Übung A 42
S. 51

a) Die Mutter nahm den kleinen Cowboy, der wild um sich schoss, in die Arme.
b) Der Arzt trat zum Kranken, der durch die Operation sehr geschwächt war.
c) Die Arbeiter, die fröhlich sangen, fuhren mit den Traktoren zum Feld.
d) Die Polizei nahm die Hausbesetzer fest, die das Haus freiwillig verließen.
e) … erreichten sie die Hütte, der Mann, der laut vor sich hinfluchte, und sein Pferd.
f) Der kleine Junge, der mit vielen guten Wünschen versehen war, fuhr mit dem Zug los.

Übung A 43
S. 52

a) Er verließ laut fluchend das Haus.
b) In der Stadt angekommen suchte er …
c) An ihn denkend wurde sie traurig.
d) Von seiner Begabung überzeugt wurde er …

A

müsse ... lernen, (nicht) könne, spräche, brauchte ... zu lernen

Übung B 1
S. 53

Unterstrichene Prädikate: standen, bildeten, kam hinzu, hörte, versicherte, zerbrochen haben könne, gesehen habe, gekommen sei

Übung B 2
S. 54

Tatsachen: *standen* bis *versicherte*   möglich: *zerbrochen haben könne* bis *gekommen sei*

Übung B 3
S. 54

a) ..., Frisch habe sicher keine Lust.
b) ..., Frisch habe bestimmt verschlafen.
c) ..., Frisch werde sicher noch kommen.
d) ..., Frisch sei sonst zuverlässig.
e) ..., Frisch habe eine Autopanne.

Übung B 4
S. 54

a) bis e): Alle Schüleraussagen sind möglich, manche wahrscheinlich, eine Aussage ist weniger wahrscheinlich.
Letzter Satz: entspricht der Wirklichkeit = Tatsache.

Übung B 5
S. 55

a) bis g): alle Indikativ

Übung B 6
S. 56

Folgende Worte und Wortgruppen könntest du gefunden haben (aber auch andere):
modale Adverbien: sicherlich, bestimmt, möglicherweise, eventuell, zweifellos etc.
modale Wortgruppen: meiner Meinung nach, meines Erachtens, meiner Einschätzung nach, nach meinem Dafürhalten, mit ziemlicher Sicherheit etc.
Verben: glauben, annehmen, schätzen etc.
Modalverben: dürfen, können, mögen, müssen.

Übung B 7
S. 57

Es sind mehrere Ergänzungen möglich, aber nicht alles kann man überall einsetzen!
a) *sicherlich, bestimmt, wahrscheinlich, aller Wahrscheinlichkeit nach ...*
b) *kann, mag, (dürfte)*
c) *vielleicht, eventuell...* (auch: *meiner Meinung nach, meines Erachtens*)
d) *Ich vermute, ich glaube ...*
e) *meines Erachtens, meiner Meinung nach ...*

Übung B 8
S. 57

1. die direkte Redewiedergabe
2. die indirekte Redewiedergabe

Übung B 9
S. 59

a) Marcel erzählt seinem Cousin: „Das Feiern mit Freunden macht mir immer Spaß!"
b) Die Direktorin sagt dem Sportlehrer: „Wegen Reinigungsarbeiten muss Ihr Schwimmunterricht ausfallen."
c) Der Tierwärter ruft einer Besucherin zu: „Sie dürfen meinen Tiger nicht füttern."
d) Die Kellnerin erklärt dem Gast: „Im vorderen Teil unseres Restaurants ist das Rauchen nicht gestattet."

Übung B 10
S. 61

a) Marcel erzählt seinem Cousin, *ihm mache* das Feiern mit Freunden immer Spaß.
b) Die Direktorin sagt dem Sportlehrer, *sein* Schwimmunterricht *müsse* wegen Reinigungsarbeiten ausfallen.
c) Der Tierwärter ruft einer Besucherin zu, sie *dürfe seinen* Tiger nicht füttern.
d) Die Kellnerin erklärt dem Gast, im vorderen Teil *ihres* Restaurants *sei* das Rauchen nicht gestattet.

Übung B 11
S. 61

B

Übung B 12
S. 62

	direkte Rede	indirekte Rede
Satzzeichen	– Doppelpunkt – Anführungszeichen – Punkt – Ausrufezeichen	– Kommas – Punkt
Pronomen	a) mir b) Ihr c) meinen d) unseres	a) ihm b) sein c) seinen d) ihres
Verbformen	a) macht b) muss c) dürfen d) ist … gestattet	a) mache b) müsse c) dürfe d) sei gestattet
Verbformen, in beiden Texten gemeinsam	a) erzählt b) sagt c) ruft d) erklärt	

Übung B 13
S. 63/65

Bericht von	Polizist A.	Polizist B.
Zeile 4	ich	er
5	meiner	seiner
6	meine	seine
7	ich	er
8	meinem	seinem
10	ich	er
10	meiner	seiner
11	mich	ihn
13	ich	er
13	meine	seine
14	ich	er
16/17	mich	ihn
17	ich	er
17/18	meine	seine
18/19	ich	er
21/22	ihn	er, ihn
23/24	mich	ihn
25/26	ich	er
25/27	ich	er
26/28	ich	er

Übung B 14
S. 66

Personalpronomen (rot unterstrichen):
ich, mich, du, mir, ich, er, dir, mir, du, mir, ich, es, mir, du, es, du, wir, ihn.

Possessivpronomen (blau unterstrichen):
ihrem, seiner, meinen, deinen, unseren, mein, deinen.

Übung B 15
S. 67

Lösung vgl. B 17 und 18

Übung B 16
S. 68

Personalpronomen (rot): es, sich, sie, ihm, sie, er, ihm, ihr, es, ihr, er, es, ihm, es, es, es, sie, ihn.
Possessivpronomen (blau): ihrem, seiner, seinen, seinen, ihren, seinen.

direkte Rede	indirekte Rede
2 ich	es
2 mich	sich
2 du	sie
3 mir	ihm
4 ich	sie
5 er	er
6 dir	ihm
6 mir	ihr
7 du	es
7 mir	ihr
9 ich	er
10 es	es
10 mir	ihm
11 du	es
12 es	es
13 du	es
14 wir	sie
14 ihn	ihn

Übung B 15,
B 17 und
B 18
S. 67/69

direkte Rede	indirekte Rede
ihrem	ihrem
seiner	seiner
meinen	seinen
deinen	seinen
unseren	ihrem
mein	(direkte Anrede: ohne Entsprechung in indir. Rede!
deinen	seinen

Übung B 19
S. 69

B

Weil sie bereits in der 3. Person stehen (sie waren auch nicht Teil der direkten Rede).

Übung B 20
S. 70

Hat sie von euch endlich ihr Essen bekommen?

Übung B 21
S. 70

die Verben

Übung B 22
S. 71

Unterstrichen sein müssen folgende Prädikate im Text:

Übung B 23,
B 24 und
B 25
S. 71/72

A: direkte Rede		B: indirekte Rede	
4–6	(ich) bin entführt worden	4/5	(er) sei entführt worden
7	(sie) schlief	6/7	(sie) habe geschlafen
7	(ich) saß	7–9	(er) habe gesessen
10	(ich) hörte	10/11	(er) habe gehört
11/12	(mich) veranlasste	11/12	(ihn) habe veranlasst
14	(ich) trat	14	(er) sei getreten
14/15	(ich) wurde überwältigt	14–16	(er) sei überwältigt worden
16/17	(die) gewartet hatten	17	(die) hätten gewartet
17/18	(ich) wollte rufen	17/18	(er) habe rufen wollen
19	(ich) machte auf	19/20	(er) habe aufgemacht
19–21	(der) schrie an	20/21	(der) habe angeschrien
21	knebele (ihn)	22/23	(er) solle knebeln
22	(dieser) handelte	23/24	(dieser) habe gehandelt
23	(und) betäubte	25	(und) habe betäubt
24/25	(es) passierte	25/26	(es) sei passiert

Fortsetzung
Übung B 23,
B 24, B 25

Falls du alle Prädikate herausgeschrieben haben solltest, hier die Lösungen:

A: direkte Rede		B: indirekte Rede	
25	(ich) kann sagen	26/27	(er) könne sagen
26	(ich) wachte auf	27	(er) sei aufgewacht
26	(ich) lag	28/29	(er) habe gelegen
28	(es) stank	30	(es) habe gestunken
29	(sie) warfen	31–38	(sie) hätten geworfen
30	(ich) weiß	32	(er) wisse
31	(sie) waren	33	(sie) gewesen seien
32	(die) entführten	34/35	(die) entführt hätten
33	(sie) redeten	35/36	(sie) hätten geredet
36	(ich) fand	39/40	(er) habe gefunden
37	(ich) weiß	40	(er) wisse
38	(man) entführte	41/42	(man) entführt habe
40/41	(man) hat freigelassen	43/44	(man) freigelassen habe

Übung B 26
S. 73

Möglich wäre:
er sieht – er sehe, er spricht – er spreche, er geht – er gehe, er lobt – er lobe etc.

Übung B 27
S. 74

a) Michael sagt, er mache Hausaufgaben.
b) Kim meint, sie laufe in die Stadt.
c) Jan wendet ein, er wisse das doch schon.
d) Max bestätigt, er höre genau zu.
e) Aylin sagt, sie gehe zum Fußballplatz.
f) Lena antwortet, sie gebe ihr das Eintrittsgeld.

Übung B 28
und B 29
S. 75

Es würde sich an den Konjunktivformen **nichts** ändern!

Übung B 30
S. 76/77

a) **Konj. Präsens**: es **handle** sich, nicht zu entschuldigen, aber doch zu erklären **sei**, wenn die Schüler … **seien**, die … Leistungen … **seien** … zurückzuführen, man **müsse** … dafür sorgen, dass Michael … **arbeite**, Er **müsse** wissen …
b) **Konj. Perfekt**: **habe** man … festgestellt, **habe** … Phasen gehabt, nichts … getan **habe**.
c) **Konj. Futur**: Diese Leistungsschwankung … **werde** auftreten, dass er keinen … erreichen **werde**.

Übung B 31
S. 78

a) Er meinte, er habe wohl geschlafen.
b) Sie sagte, sie habe das doch schon einmal erlebt.
c) Er erwiderte, das werde bestimmt nicht mehr vorkommen.
d) Sie antwortete lachend, er habe das damals auch schon gesagt.

Übung B 32
und B 33
S. 78/79

		Ind. Präsens	Konjunktiv I
Sing.	1	ich habe	ich habe
	2	du hast	du habest
	3	er hat	er habe
Plur.	1	wir haben	wir haben
	2	ihr habt	ihr habet
	3	sie haben	sie haben

Unterstrichen sollten sein:
a) (schwarz) ich, uns, wir, wir, unseren, (es, sie), wir
b) (farbig) war, gefielen, haben gehabt, lachten, versuchte, konnte, spielten, brachten, wollten bleiben, mussten gehen.

Übung B 34
S. 79

Er sei mit Aylin auf dem Schulfest gewesen. Am besten <u>hätten</u> ihnen die Tanzvorführungen gefallen. Sie <u>hätten</u> unheimlich viel Spaß gehabt. Am meisten <u>hätten</u> sie über Herrn Röper, ihren Mathelehrer, gelacht, der das Tanzen auch versucht habe, es aber nicht gekonnt habe. Später <u>hätten</u> noch der Fanfarenzug und die Band der Musikschule gespielt und sie <u>hätten</u> eine tolle Stimmung auf das Fest gebracht. Sie <u>hätten</u> eigentlich noch länger bleiben wollen, aber Aylin und Kim <u>hätten</u> nach Hause gehen müssen.

Übung B 35
und B 36
S. 80

ich <u>hätte</u>, du habest, er habe, wir <u>hätten</u>, ihr habet, sie <u>hätten</u>.

Übung B 37
S. 80

Was er über S. wisse, fragte B. Er sei ein Außenseiter gewesen, antwortete T., mit dem das Dorf nicht recht fertig geworden sei. Er sei ein Sonderling gewesen, der sich wenig um andere gekümmert habe. Er sei meistens schroff gewesen, habe aber auch überraschend liebenswürdig sein können. Eigentlich kein Ekel, jedenfalls habe er ihn nicht dafür gehalten. S. sei … herübergekommen und … adoptiert worden. Er sei Sparkassenleiter gewesen, … Er habe … spekuliert, sei immer gesagt worden. Er habe nicht … vermietet, das gelte … Alles zusammen: Ein Mann, der sich nicht … angepasst habe, der … geschwommen sei und darum … auf sich habe ziehen müssen. (Bei der Umwandlung in die indirekte Rede haben wir die neue Rechtschreibung angewendet.)

Übung B 38
S. 80

Sowohl Tackert als Sprechender als auch Sönderup, über den gesprochen wird, stehen in der 3. Person Singular. So muss genau auf die Bezüge geachtet werden, damit es keine Unklarheiten gibt.

Übung B 39
S. 81

Der Text in der direkten, wörtlichen Rede ist sehr viel unmittelbarer, anschaulicher und spannender!

Der Text in der indirekten Rede wirkt distanzierter.

Übung B 40
S. 81

Der Witz geht verloren, deshalb ist eine Umformung hier **nicht sinnvoll**, weil die Pointe zerstört wird.

Übung B 41
S. 81

Farbig <u>unterstrichen</u> sollten sein:

hätte erlassen, habe gefördert, … ein Vorwand sei, … schlimmer sei, gelte, unterlägen, Entscheidend sei, hin- und herschöben.

Übung B 42
S. 81

Einzelne türkische Verbände fragen: „Warum hat Kanther seine Verordnung sonst wohl erlassen?" …
Hakki Keskin kritisiert: „Mit keiner Maßnahme hat Bonn in den letzten Jahren die Integration gefördert." …
Cem Özdemir ist überzeugt: „Die Zahl von über 300 illegal einreisenden „unbegleiteten Minderjährigen" pro Jahr, …, ist nur ein Vorwand. Viel schlimmer ist die Verunsicherung der hier lebenden Jugendlichen." …
Frau John ergänzte: „Schon jetzt gilt die Visumspflicht für 1,4 Millionen Jugendliche aus anderen Staaten. Auch türkische Jugendliche unterliegen ihr mit 16 Jahren. Entscheidend ist doch, dass sich die Eltern endlich entscheiden, wo ihre Kinder hingehören und dass sie sie nicht mehr in großer Zahl zwischen Deutschland und der Türkei hin- und herschieben."

Übung B 43
S. 82

B

Übung B 44
S. 83

Da wir den alten Originaltext durch die indirekte Rede verändert haben, setzen wir ihn auch in die neue Rechtschreibung:

Koch fragte Böll, wie er schreibe, wann er schreibe, wo er schreibe. Böll antwortete, er arbeite sehr langsam, schreibe aber sehr schnell, meistens tagsüber, morgens zwischen 10 und 2, um die Frage „wie" und „wann" zu beantworten. (Die Floskel „sagen wir" wird in der indirekten Rede aus Gründen der Klarheit nicht „übersetzt"!) Das „Wo" sei ihm bis heute, er wisse nicht, wie das im kommenden Alter sein werde, ziemlich gleichgültig. Er brauche ein Zuhause, aber dieses Zuhause sei schnell erstellt, er brauche eigentlich nur einen Tisch, der nicht wackele, einen Stuhl, der zum Tisch passe und in der Nähe eine Gelegenheit um sich die Hände zu waschen – nicht viel mehr.

Koch erbat noch eine Antwort auf das „Wie", ob Böll mit der Hand schreibe, mit dem Federhalter, mit der Maschine. Böll stellte etwas verwundert fest, dass Koch das meine und bestätigte, er schreibe meistens sofort in die Maschine, korrigiere aber dann – und die Korrekturen nähmen einen großen Teil ein – mit der Hand, mit einem Bleistift.

Koch fragte weiter, ob es das auch schon gegeben habe, dass Böll einen Roman angefangen und nicht zu Ende geschrieben habe. Böll gab zu, dass es das schon gegeben habe. Es habe auch den Fall gegeben, dass er einen Roman zu Ende geschrieben und nicht publiziert habe.

Übung B 45
S. 84

a) Der Text in der **direkten Rede** (Frage und Antwort = Originalinterview) wirkt unmittelbarer, man kann als Leser dieses Gesprächs die geäußerten Gedanken, Meinungen und Arbeitsweisen Bölls besser nachvollziehen. So fesselt das Gespräch sicher mehr.

b) Aus diesem Grund ist bei der **Wiedergabe eines Interviews** die **direkte Redewiedergabe** besser. Sollte man allerdings die Aussagen Bölls zusammenfassend in einer kürzeren Inhaltsangabe wiedergeben müssen, ist eine Wiedergabe in der indirekten Rede sinnvoller. (Das hatte Böll allerdings gar nicht so gerne, da in dieser Form eben auch bewusst geäußerte Differenzierungen/Genauigkeiten verloren gehen können!)

Übung B 46
S. 84

sagen, sprechen, antworten …

meinen, bestätigen, bitten, mitteilen, flüstern, brüllen, telefonieren, schreien, fragen, bestreiten, behaupten, schwören, überreden, beschwören, ablenken, verhöhnen, verneinen, bejahen, protestieren, leugnen, befehlen, drohen, brummen, säuseln, vermuten, beschwichtigen, auffordern, aufbrausen, danken, lügen, schwätzen, salbadern, predigen, unterhalten, aussprechen, ansprechen, anfahren, zurückfragen, ankündigen, rügen, erläutern, erklären, feststellen, …

Übung B 47
S. 86

a) In folgenden Sätzen solltest du die Fragezeichen rot eingerahmt haben:

Wann haben Sie … zu stehlen?
Können Sie das verstehen?
Haben Sie … vergessen?
Wollten Sie einen kaufen?
Also wollten Sie doch stehlen?
Würden Sie das … wiederholen?
Hören Sie schlecht?
Was bekomme ich denn dafür?
Hat der Staatsanwalt noch Fragen?

b) In folgenden Sätzen solltest du die Ausrufezeichen blau eingerahmt haben:

Erzählen Sie keine Märchen!
Bleiben Sie bei der Wahrheit!
Angeklagter, seien Sie still!

Der Richter fragte, wann der Angeklagte beschlossen habe das Auto zu stehlen. Der A. behauptete, er habe das eigentlich gar nicht beschlossen, es sei so über ihn gekommen, ob der R. das verstehen könne. Da rief der R. aus, der A. solle keine Märchen erzählen. Er habe doch seiner Freundin versprochen, …, ob er diese Aussage schon wieder vergessen habe. Da der A. keinen Porsche besitze, habe er sich doch einen besorgen müssen. Ob er einen habe kaufen wollen. Der A. verneinte dies, er hätte doch dafür kein Geld gehabt. Ob er also doch habe stehlen wollen, fragte der R. weiter. Der A. antwortete, irgendwie habe er sich schon einen Porsche billig besorgen wollen. Der R. forderte ihn daraufhin auf, bei der Wahrheit zu bleiben (er solle bei der Wahrheit bleiben). Nun gab der A. zu, dass er einen Superschlitten habe klauen wollen. Der R. bat den A., er solle dies noch einmal laut wiederholen, worauf dieser zurückfragte, ob der R. schlecht höre. Dieser fuhr ihn an, er solle still sein, weil er ihn sonst wegen Missachtung des Gerichts bestrafen würde. Der A. gab nun den Diebstahl noch einmal zu und fragte, was er denn dafür bekomme. Der R. sprach den Staatsanwalt an, ob dieser noch Fragen habe. Das sei nicht der Fall, stellte der R. fest und kündigte an, dass sich das Gericht zur Beratung zurückziehe.

Übung B 48
S. 86

1. a) b) er *solle (möge)* bei der Wahrheit bleiben. (Hier sind beide Formulierungen richtig!)
2. a) er *solle* die Wahrheit sagen.
3. b) es *möge* die Wahrheit sagen.

Übung B 49
S. 87

1. vom **Verb der Redeeinführung**
   z. B. befehlen → *sollen*; bitten → *mögen*
2. vom **Kontext** (Textzusammenhang) – wie ist es gemeint?
   Imperativ → Befehl → *sollen*
   Imperativ → Aufforderung → *sollen* od. *mögen*
   Imperativ → Bitte → *mögen*

Übung B 50
S. 88

1. Auf dem Fußballplatz ruft Max Jan zu, er *solle* doch endlich den Ball abgeben.
2. Die Leihbücherei ermahnt Aylin, sie *solle/möge* bitte bis Donnerstag die ausgeliehenen Bücher zurückgeben.
3. Der Lehrer schimpft mit Michael, er *solle* Jan nicht schlagen.
4. Aylin fordert Anne auf, sie *solle/möge* sie doch einmal besuchen.
5. Der Verkäufer schreit, man *solle* den Dieb halten.

Übung B 51
S. 88

Unterstrichen sollten folgende Formen sein: büke, vergäße, quölle, flösse, fände, würfe, käme, (würde sagen), löge, äße, hätte getan

Übung B 52
S. 90

Übung B 53
S. 92

Infinitiv	Präteritum	einfacher Konj. II
reden	er/sie redete	er/sie redete
schnarchen	er/sie schnarchte	er/sie schnarchte
borgen	er/sie borgte	er/sie borgte
schwätzen	er/sie schwätzte	er/sie schwätzte
rudern	er/sie ruderte	er/sie ruderte
schaffen	er/sie schuf	er/sie schüfe
biegen	er/sie bog	er/sie böge
sprechen	er/sie sprach	er/sie spräche
sitzen	er/sie saß	er/sie säße
saugen	er/sie sog/saugte	er/sie söge/saugte

umschreibender Konjunktiv II
er/sie hätte geredet
er/sie hätte geschnarcht
er/sie hätte geborgt oder es wäre geborgt

Übung B 54
S. 94

er/sie hätte geschwätzt
er/sie hätte oder wäre gerudert
er/sie hätte geschaffen oder es wäre geschafft
er/sie hätte gebogen oder es wäre gebogen
er/sie hätte gesprochen
er/sie hätte gesessen
er/sie hätte gesogen/gesaugt

Übung B 55
S. 94

a) Weil er eigenartig (altertümlich) klingt; so sprechen wir im Allgemeinen nicht im Alltag.

b) würde sagen, käme, hätte ich getan.

Übung B 56
S. 94

Du hast vermutlich folgenden Text geschrieben – und so kann man das auch tun:

Ich stelle mir vor, Mutter würde einen Kuchen backen und vergessen ihn aus dem Backofen zu nehmen. Daraufhin würde er überquellen und der Teig auf den Boden fließen. Ich würde ihn dort finden und wegwerfen. Mutter würde nach Hause kommen und sagen, ich würde ihr diese Geschichte nur vorlügen, weil ich so gerne Kuchen essen würde und das hätte ich sicher getan. Schrecklich, diese Vorstellung!

Übung B 57
S. 94

Ich stelle mir vor, Mutter hätte … gebacken und vergessen, … Daraufhin wäre er übergequollen und … geflossen. Ich hätte … gefunden und weggeworfen. Mutter wäre … gekommen und hätte gesagt, ich hätte … vorgelogen, weil ich … essen würde und … hätte ich sicher getan. Schrecklich, diese Vorstellung!

Übung B 58
S. 94

a) + c): Wenn du als Modus den Indikativ benutzt hast, z. B. „ich zaubere mir ein Rennrad herbei", ist das umgangssprachlich zwar gebräuchlich, grammatikalisch richtig muss es aber heißen: „ich zauberte mir ein Rennrad herbei" oder „ich würde mir ein Rennrad herbeizaubern". Denn: Es ist (leider!) keine Wirklichkeit!
Bei Wünschen sind wir also gezwungen den Konjunktiv zu verwenden.

b) Du hast wahrscheinlich verhältnismäßig oft den Konjunktiv durch *ich würde* ersetzt, denn in der Alltagssprache sind nur recht wenige Formen des Konjunktivs II gängig wie *käme*, *bekäme* und *fände*.

Übung B 59
S. 96

	Konjunktiv II der Gegenwart und Zukunft	Konjunktiv II der Vergangenheit
a)		Ich wäre gerne gekommen.
b)	Die Tulpen müssten, sollten, könnten, würden ... blühen.	
c)	Sie verlöre nur ungern.	
d)		Ich hätte mir längere Ferien gewünscht.
e)		Ich wollte, ich hätte einen Hundertmarkschein auf der Straße gefunden.
f)	Sie hoffte, sie träumte alles nur.	
g)	Wenn ich Geld hätte, kaufte ich mir ein Mofa.	
h)		Ach, hätte ich doch fliegen können!
i)	Wenn du nur da wärest.	

c) Sie würde nur ungern verlieren.
d) Ich würde mir längere Ferien wünschen.
f) Sie hoffte, sie würde alles nur träumen.
g) Wenn ich Geld hätte, würde ich mir ein Mofa kaufen.

Übung B 60
S. 96

Begründung:
- In Satz c) klingt *verlöre* veraltet bzw. geziert.
- In den Sätzen d) bis g) ist der Konjunktiv nicht eindeutig zu erkennen (formgleich mit dem Präteritum), daher bietet sich die *würde*-Form als Ersatz an.
- Für die Sätze im Konjunktiv II der Vergangenheit bietet sich die *würde*-Form nicht an, da es zum einen bei der normalen Form keine Missverständnisse gibt und zum anderen sich gerade diese Sätze eher kompliziert und geziert anhören. (Bsp.: *Ich würde mir längere Ferien gewünscht haben.*)

B
+
C

Nichtvergangenheit: a) b) d) g)
Vergangenheit: c) f) h)

Übung B 61
S. 96

e) und i) sind Formen der indirekten Rede, bei denen der Konjunktiv II als Ersatzform für den Konjunktiv I gewählt wurde. (Erkennen kann man dies übrigens schnell an den Verben der Redeeinführung: erzählen und sagen!)

Übung B 62
S. 97

Lösungen Teil C

aktiv: selbst etwas tun, mitmachen
passiv: zuschauen, untätig sein

Übung C 1
S. 99

a) (Aylin)   …Brief
b) (Max)   …Strauß Blumen
c) (Aylin)   …Max
d) (Max)   …Mutter
e) (Aylins Vater)   …Haus

Übung C 2
S. 100

a) (Aylin) schreibt einen Brief.
b) (Max) bindet einen Strauß Blumen.
c) (Aylin) berät Max bei den Aufgaben.
d) (Max) bittet die Mutter um ein Brot.
e) (Aylins Vater) plant ein Haus.

Übung C 3
S. 100

Akkusativ

Übung C 4
S. 100

Akkusativobjekt (= Ergänzung im 4. Fall mit der Hilfsfrage Wen oder Was?)

Übung C 5
S. 100

Übung C 6 **S. 100**	(ohne Lösung)
Übung C 7 **S. 101**	schreiben, binden, beraten, bitten, planen. Alle Verben haben ein Akkusativobjekt.
Übung C 8 **S. 101**	transitiv: nehmen, lösen, versenken intransitiv: sitzen, springen

Übung C 9
und C 10
S. 101

a) <u>Er baut *den Tunnel*</u> (geht)   e) <u>Sie tauscht *den Geldschein*</u> (geht)
b) <u>Er liebt *das Mädchen*</u> (geht)   f) Sie kommt nach Hause (geht nicht)
c) Er wohnt in einem Hotel (geht nicht)   g) <u>Sie zeigt *den Fernsehturm*</u> (geht)
d) <u>Er sprengt *den Felsen*</u> (geht)   h) Sie bleibt in der Schule (geht nicht)

C

Übung C 11 **S. 102**	bauen, lieben, sprengen, tauschen, zeigen
Übung C 12 **S. 102**	wohnen, kommen, bleiben
Übung C 13 **S. 103**	Aktiv: c) d) f) h) Passiv: a) b) e) g)
Übung C 14 **S. 104**	Farbig eingerahmt sind: Kind, ich, Lehrer, Wind
Übung C 15 **S. 104**	Schwarz eingerahmt sind: Lehrer, mir, Wind, Kind
Übung C 16 **S. 105**	wird … gefragt, wird … geliebt, wird … aufgedrückt
Übung C 17 **S. 105**	wurde … gefragt, wurde … geliebt, wurde … aufgedrückt

Übung C 18
S. 106

a) Der Hund *wird* von mir *gerufen*.
   Der Hund *wurde* von mir *gerufen*.
   Der Hund *ist* von mir *gerufen worden*.
   Der Hund *war* von mir *gerufen worden*.
   Der Hund *wird* von mir *gerufen werden*.

b) Die Türe *wird* vom Wind *zugeschlagen*.
   Die Türe *wurde* vom Wind *zugeschlagen*.
   Die Türe *ist* vom Wind *zugeschlagen worden*.
   Die Türe *war* vom Wind *zugeschlagen worden*.
   Die Türe *wird* vom Wind *zugeschlagen werden*.

Übung C 19
S. 106

a) Die Aufgaben *wurden* dem Lehrer von Max *gezeigt*.
b) Die Briefmarken *werden* von Aylin *getauscht werden*.
c) Der Felsen *ist* vom Bautrupp *gesprengt worden*.
d) Dieses Haus *war* von der Architektin *geplant worden*.
e) Die Unfallstelle *ist* von der Polizistin *markiert worden*.
f) Die Wasserprobe *wurde* vom Laboranten *überprüft*.
g) Du *wirst* schon rechtzeitig davon von deinen Eltern (besser: durch deine Eltern)
   unterrichtet werden.
h) Ihr *seid* früher von dem kleinen Hund *gemieden worden*.
i) Ich *war* damals von meinem Bruder *gewarnt worden*.

a) Farbig unterstrichen sollen sein: von Max, von Aylin, vom Bautrupp, von der Architektin, vom Laboranten, von der Polizistin, von deinen Eltern (durch deine Eltern), von dem kleinen Hund, von meinem Bruder.

b) von, vom (durch)

Übung C 20
S.107

Die in Klammern gesetzten „Täter" sollen grün unterstrichen sein:
1. Plakate werden (von Kim) gemalt.
2. Kuchen wird (von Michael) gebacken.
3. Ein Theaterstück wird (von Aylin) probiert.
4. Ein Trampolin wird (von Max) aufgestellt.
5. Bälle werden (von Lena) besorgt.
6. Einladungen werden (von Anna) geschrieben.
7. Die Einladungen werden (von Sven) vervielfältigt.
8. Würstchen werden (von Tina) gebraten.
9. Eine Theke wird (von Zoltan) aufgebaut.
10. Der Weg zur Jungentoilette wird (durch die Theke) versperrt.
11. Spiele werden (von Gina) organisiert.
12. Die Cafeteria wird (von Christoph) aufgeräumt.

**Übung C 21
und C 22**
S.108

ja

Übung C 23
S.108

Das **Akkusativobjekt** des Aktivsatzes tritt im Passiv in den Vordergrund, deshalb wird es auch **Subjekt** des Passivsatzes. Der „Täter" ist bei dieser Sehweise nicht mehr so wichtig (oder sogar unwichtig) und wird daher manchmal weggelassen.

Übung C 24
S.108

Bei Passivsätzen braucht der „Täter" (Verursacher) nicht genannt zu werden oder man will ihn sogar nicht nennen – also z. B. bewusst verschweigen.

Übung C 25
S.108

a) Weil die Frage „von wem" nicht beantwortet ist, d. h. der „Täter" ist nicht genannt.

b) Wer markiert, entfernt, trocknet - - - der „Täter" als Subjekt!

Übung C 26
S.109

a) „Täter" unbekannt
b) „Täter" wird aus Rücksicht nicht genannt
c) „Täter" unwichtig
d) „Täter" wird verschleiert

Übung C 27
S.109

Akkusativobjekte (du hast sie schwarz unterstrichen):
1. das Werkzeug
2. das Fahrrad, es
3. die Radmuttern, das Vorderrad
4. die Ventilschrauben, das Ventil
5. den Radmantel, ihn
6. den Fahrradschlauch, das Ventil, ihn
7. - - -
8. die Stelle, das Ventil, den Schlauch
9. die markierte Stelle
10. Gummilösung, sie
11. die Folie, den Flecken
12. das Ventil
13. den trockenen Schlauch, den Radmantel
14. das Ventil, das Vorderrad
15. das Rad, die Radmuttern
16. das Fahrrad

Übung C 28
S.110/111

C

Übung C 29	Transitive Verben (du hast sie grün unterstrichen):
S.111	

1. lege bereit
2. drehe, stelle
3. löse, nimm
4. löse, ziehe heraus
5. hebe an, ziehe aus
6. nimm, schraube ein, pumpe auf
7. überprüfe (hier ohne Akk. Obj.)
8. markiere, entferne, trockne
9. raue auf
10. streiche darüber, lass antrocknen
11. entferne, drücke fest
12. überprüfe (hier ohne Akk. Obj.), entferne
13. lege, stülpe darüber
14. schraube ein, pumpe auf
15. hänge, ziehe fest
16. stelle

Übung C 30	So wird ein Fahrrad geflickt:
S.111	

1. Das Werkzeug wird bereitgelegt: Schraubenschlüssel, 2 Mantelheber, Flickzeug und Gummilösung.
2. Das Fahrrad wird gedreht und auf Lenkstange und Sattel gestellt.
3. Die Radmuttern werden gelöst und das Vorderrad wird aus der Felge genommen.
4. Die Ventilschrauben werden gelöst und das Ventil wird herausgezogen.
5. Der Radmantel wird angehoben und aus der Felge gezogen.
6. Der Fahrradschlauch wird aus der Felge genommen, das Ventil wieder eingeschraubt und der Schlauch aufgepumpt.
7. Im Waschbecken wird überprüft, wo das Loch im Schlauch ist (Aufsteigen von Luftbläschen).
8. Die Stelle wird mit einem Filzstift markiert, das Ventil wird wieder entfernt und der Schlauch abgetrocknet.
9. Die markierte Stelle wird mit dem Blechkratzer aufgeraut.
10. Darüber wird dünn Gummilösung gestrichen, die man leicht antrocknen lässt. (*lass antrocknen* kann nicht ins Passiv gesetzt werden! Hier wird eine Umschreibung formuliert.)
11. Von einem Gummiflecken wird die Folie entfernt und der Flecken wird fest auf den schadhaften Punkt gedrückt.
12. Im Wasser wird überprüft, ob die geflickte Stelle dicht ist, und danach wird wieder das Ventil entfernt.
13. Der trockene Schlauch wird in die Felge gelegt und der Radmantel wird darüber gestülpt.
14. Das Ventil wird wieder eingeschraubt und das Vorderrad wird aufgepumpt.
15. Das Rad wird mit der Achse in die Gabel gehängt und die Radmuttern werden wieder festgezogen.
16. Das Fahrrad wird wieder auf die Räder gestellt.

Übung C 31	a) Der Vorgang *schließen* wird gerade vollzogen.
S.112	b) Der Vorgang ist beendet, das **Ergebnis**/der **Zustand** erreicht.

        Zeitlicher Ablauf: *Es wird geschlossen*, danach *ist es geschlossen.*

Übung C 32	Vorgangspassiv: b) c) e) h) l) m)
S.113	Zustandspassiv: a) d) g) i) k)
	f) ist weder das eine noch das andere, sondern eine **Form des Perfekts im Aktiv!!**

b) Die Fahnen sind aufgehängt.
c) Gegen den Fahrer ist ermittelt.
e) Der Schulhof war gesäubert.
h) Der Film ist vorgeführt.
l) Das Rad ist festgeschraubt.
m) Der Schatz war gehoben.

} Zustandspassiv

Übung C 33
S.113

a) Das Geschäft wird geöffnet.
d) Die Haare wurden gewaschen.
g) Der Kuchen wurde aufgegessen.
i) Die Mannschaft wird besiegt.
k) Die Sicherheit wurde überprüft.

} Vorgangspassiv

Von f) ist natürlich kein Vorgangspassiv/Zustandspassiv möglich (s. oben Lösung C 32)

a) Aktiv (Perfekt)
b) Aktiv (Perfekt)
c) Zustandspassiv (Präsens)
d) Zustandspassiv (Präsens)

Übung C 34
S.114

Lösungen Teil D

Die Nomen der Wartungsanweisung (die ja Nominalisierungen sind) haben Max und Aylin wieder in Verben umgewandelt.

Übung D 1
S.118

M: ④   Nein, erst müssen wir die Kette spannen.
A: ③⑤ Jetzt können wir aber die Radnabe ölen und gleichzeitig die Kette durch Einölen warten.
M: ⑥   Ich habe das Tretlager überprüft. Kein Spiel!
A: ⑦   So, die Reifen sind aufgepumpt. Ich habe auch die Ventile überprüft. Sie sind dicht.
M: ⑧   Wir müssen die Vorderachse noch ölen.
A: ⑨   Hilfst du mir mal die Lichtanlage kontrollieren?
M: ⑩   Die Lenkerfeststellschraube ist nachgezogen.
A: ⑪   Die Handbremse funktioniert ja gar nicht mehr. Wir werden sie neu einstellen.
M: ⑫   Zum Schluss sollten wir noch die Klingel überprüfen. Sie funktioniert. Jetzt kann es aber losgehen.

Übung D 2
S.119

Neuer Rasen! = Hier ist neuer Rasen gesät worden.

Betreten verboten! = Deshalb ist das Betreten zur Zeit verboten.

Übung D 3
S.120

Weil hier neuer Rasen gesät worden ist, ist zur Zeit das Betreten verboten!

Übung D 4
S.121

Nomen: 24, Präpositionen: 9, Artikel: 4, Indefinitpronomen: 1, Adjektive: 3, Zeichen: 7, Verben: 1
Du siehst, Schlagzeilen werden von Nomen beherrscht!

Übung D 5
S.123

Übung D 6
S. 123

Die Zeichen ersetzen häufig Wörter. Das können <u>Präpositionen</u> sein.
Beispiel: 2. Gladbach aus der Krise <u>durch</u> 3 : 1.
   3. Fahrerflucht nach Unfall <u>in</u> Wuppertal.

Aber sie können in der Schlagzeile auch <u>Verben</u> ersetzen.
Beispiel: 4. Tabakfirma <u>gibt zu</u>, dass Rauchen gefährlich ist.

Übung D 7
S. 123

1. Der Musiker Jack Michael hat sich einer Gesichtsoperation unterzogen.
2. Durch einen 3:1-Sieg hat sich Gladbach aus der Krise geschossen.
3. In Wuppertal beging ein Autofahrer nach einem Unfall Fahrerflucht.
4. Die Tabakfirma gibt zu, dass Rauchen gefährlich sei.
5. Es gibt noch keine Spur von den Frankfurter Geldräubern.
6. Auf der Versteigerung gab es saftige Preise für „Beatles"-Souvenirs.
7. Fette Beute machten Einbrecher, die einen Millionenschatz im Schlafzimmer fanden.
8. Wird es einen Kompromiss im Steuerstreit geben?
9. Nachbarn retteten Kind vor Feuer. (Hier muss nichts ergänzt werden.)
10. Die (Bergbau-)Kumpel drohten dem Kanzler in Bonn.

Übung D 8
S. 123

… das Subjekt (Nominativ)

Übung D 9
S. 123

… in das Prädikat

Übung D 10
S. 124

So könnten deine Schlagzeilen lauten:
a) Flucht nach Sprengstoffanschlag
b) Illegales Autorennen: schwerer Unfall bei Aachen
c) EU: Einführung des Euro zum 1.1.98
d) Lawinenunglück in Allgäuer Alpen
e) Lob für den Bundeskanzler aus Moskau; oder:
   Moskau: Lob für den Bundeskanzler
f) Entscheidung im Spitzenspiel durch Elfmeter
g) Zunahme von Fahrraddiebstählen
h) Ungewissheit über Starttermin für Weltraumfähre
i) Weiterer Anstieg der Schülerzahlen
k) Spannender Wahlabend: Bekanntgabe des Endergebnisses erst kurz vor Mitternacht; oder:
   Spannender Wahlabend – Endergebnis erst kurz vor Mitternacht

Übung D 11
S. 127

Nominalisierung beseitigt: aus *Auswirkung* wird *sich auswirken*

Übung D 12
S. 127

Nominalisierung	Verbform
die Auswirkung	sich auswirken
das Verhalten	sich verhalten
die Landung	landen
die Begleitung	begleiten
der Empfang	empfangen
das Anhören	sich anhören
das Abschreiten	abschreiten
die Fahrt durch	durchfahren
das Fehlen	fehlen
das Ausbleiben	ausbleiben
das Einschalten	einschalten

die Beruhigung	beruhigen
die Besänftigung	besänftigen
die Bestätigung	bestätigen
die Anteilnahme	Anteil nehmen
die Rückübertragung	rückübertragen, zurückübertragen
das Jubeln	jubeln
das Rufen	rufen
das Winken	winken
die Zuschaltung	sich zuschalten
das Pfeifen	pfeifen
die Zustimmung	zustimmen
die Beachtung	beachten

Übung D 13
S.127

Der 1. Satz von Max ist ein *Hauptsatz*.
Aylins Verbesserungsvorschlag ist ein *Satzgefüge aus Hauptsatz und Nebensatz (modal)*.

D

Übung D 14
S.128

In die Kästen eingetragen sollen sein:

a) Genitivobjekt zum Nomen; b) Nebensatz (modal); c) Hauptsatz

In die Tabelle solltest du eingetragen haben:

das Fernsehen	=	Nomen im Nominativ
Wie	=	modale Konjunktion
auswirkte	=	Verbform, umgeformt aus der Nominalisierung

Übung D 15
S.129

Dein Text sollte lauten:

Satz 2. Kurz <u>nachdem</u> der Präsident auf dem Flughafen Berlin-Tegel <u>gelandet war</u>, <u>wurden</u> zunächst die Nationalhymnen <u>angehört</u>.
Der Außenminister <u>war</u> zum Empfang <u>herbeigeeilt</u>.
<u>Anschließend mussten</u> beide die Front einsam ohne Zuschauer <u>abschreiten</u>.

Satz 4. Der Außenminister versuchte zu erklären, <u>dass</u> die Zuschauer <u>ausgeblieben seien</u>, <u>weil</u> die Medien <u>so</u> starken Einfluss hätten.
<u>Erst indem</u> er einen Monitor … <u>einschaltete</u>, <u>konnte</u> er … <u>beruhigen</u>.

Übung D 16
S.130

1. Wegen der Abgabe eines Punktes durch den bisherigen Spitzenreiter im Spiel beim Tabellenschlusslicht am vergangenen Samstag ist die deutsche Fußballmeisterschaft wieder offen.
2. Durch einen Sieg beim FC holte der Verfolger Borussia deutlich auf.
3. Die vor kurzem erfolgte Verpflichtung des Mittelstürmers Schwalbe bedeutete eine erhebliche Verstärkung.
4. Wegen eines groben Fouls an seinem Gegenspieler wurde Verteidiger Bissig in diesem Spiel vom Platz gestellt.
5. Der Schiedsrichter wurde für seine korrekte Leitung der Partie vom fairen Publikum mit Beifall bedacht.
6. Unter Beobachtung des Bundestrainers zeigten einzelne Spieler erhebliche Nervosität.
7. Die Beschimpfung der gegnerischen Mannschaft durch fanatisierte Fans nach dem Schlusspfiff erregte den Zorn der fairen Sportler.

Übung D 17
S.131

Satz 1	adverbiale Bestimmung des Mittels *(instrumental)*
Satz 4	adverbiale Bestimmung des Grundes *(kausal)*
Satz 5	adverbiale Bestimmung des Grundes *(kausal)*
Satz 6	adverbiale Bestimmung der Bedingung *(konditional)*

Satz 3:

Ausgangssituation

<u>Borussia hatte</u> vor kurzem <u>den Mittelstürmer Schwalbe</u> <u>verpflichtet</u>. <u>Das</u> bedeutet eine erhebliche Verstärkung.

Umformung

<u>Die</u> vor kurzem erfolgte <u>Verpflichtung des Mittelstürmers Schwalbe durch Borussia</u> bedeutet eine erhebliche Verstärkung.

a) Das Prädikat des 1. Satzes der Ausgangssituation (*verpflichten*) wird zum Subjekt des veränderten Satzes (*Verpflichtung*).

b) Das Subjekt des ersten Satzes (*Borussia*) wird zum Präpositionalobjekt in der Umformung (*durch Borussia*).

c) Das Akkusativobjekt des 1. Satzes (*den Mittelstürmer Schwalbe*) wird zum Genitivobjekt des veränderten Satzes (*des Mittelstürmers Schwalbe*).

d) Das Subjekt des 2. Satzes in der Ausgangssituation (*Das*) wird getilgt, da es in *Die Verpflichtung* aufgeht.

Satz 7:

Ausgangssituation

<u>Fanatisierte Fans</u> <u>beschimpften</u> nach dem Schlusspfiff <u>die erfolgreiche gegnerische Mannschaft</u>. <u>Das</u> erregte den Zorn der fairen Sportler.

Umformung

<u>Die Beschimpfung der gegnerischen Mannschaft</u> <u>durch fanatisierte Fans</u> nach dem Schlusspfiff erregte den Zorn der fairen Sportler.

a) Das Prädikat des 1. Satzes (*beschimpfen*) wird zum Subjekt (*Beschimpfung*).

b) Das Subjekt des 1. Satzes (*Fanatisierte Fans*) wird zum Präpositionalobjekt (*durch …*).

c) Das Akkusativobjekt des 1. Satzes (*die erfolgreiche gegnerische Mannschaft*) wird zum Genitivobjekt des veränderten Satzes (*der gegnerischen Mannschaft*).

d) Das Subjekt des 2. Satzes in der Ausgangssituation (*Das*) wird getilgt, da es in *Die Beschimpfung* aufgeht.

a) 1. Seit dem zehnjährigen Bestehen des Stadtmuseums wurden nunmehr einhunderttausend Besucher gezählt.

2. Wegen seiner Lage im Herzen der Stadt ist das Museum gut erreichbar.

3. Mit der Bezahlung einer Anerkennungsgebühr als Eintritt kann die Stadt die tatsächlichen Kosten nicht abdecken.

4. Die Aufstellung eines mechanischen Webstuhls aus der Zeit der frühen Industrialisierung für die augenblickliche Ausstellung durch die Museumsleitung bedeutet über die Stadtgrenzen hinweg eine besondere Attraktion.

5. Der Besuch vieler Schulklassen im Museum macht Unterricht in anderer Form möglich.

6. Mit der unmittelbaren Betrachtung von Gegenständen aus der Vergangenheit durch Schüler und Lehrer wird die Anschaulichkeit des Unterrichts verbessert.

7. Durch die sinnvolle Ergänzung der Ausstellung mit vielen bisher nicht bekannten Texten von Arbeitern und Handwerkern aus jener Zeit wird die geschichtliche Wirklichkeit deutlicher.

8. Auch durch das Lob dieser Ausstellung im Stadtmuseum in den großen Zeitungen werden weitere Besucher angelockt.

b) 1. Satz: adverbiale Bestimmung der Zeit
   2. Satz: adverbiale Bestimmung des Grundes
   3. Satz: adverbiale Bestimmung der Art und Weise
   4. Satz: Subjekt
   5. Satz: Subjekt
   6. Satz: adverbiale Bestimmung des Mittels
   7. Satz: adverbiale Bestimmung des Mittels
   8. Satz: adverbiale Bestimmung des Mittels

Übung D 20
S.132

b) Per Bus waren wir, die Jugendgruppe samt Betreuer, angereist. So kamen wir sehr bequem bis zur Fähre, aber nicht auf die Insel.
c) Geplant war eine Wattwanderung. Deshalb sollten die Jugendlichen ihre Gummistiefel nicht vergessen.
d) Wir hatten ständig gutes Wetter. Daher freuten wir uns riesig.
e) Die Betreuer bereiteten sich gründlich und einfallsreich vor. Daher konnten wir auch eine Schnitzeljagd über die ganze Insel unternehmen.
f) Alle schliefen in ausgeräumten und gereinigten Kuhställen. Trotzdem fühlten sich fast alle wirklich wohl.
g) Dieses Jugendferienprogramm sollte wiederholt werden. Dafür werde ich mich einsetzen.
h) Der Aufenthalt dort sollte allerdings verlängert werden. Dann könnte man die Insel noch besser kennen lernen.

D

Übung D 21
S.134

1. Konjunktionen: keine
2. Relativpronomen: keine
Folglich sind **keine Gliedsätze** enthalten – es handelt sich um **einen** Satz.

3. Es gibt **ein** Subjekt und **ein** Prädikat (*es handelt sich ...*), folglich handelt es sich um **einen** Satz.

Übung D 22
S.135

1. Der Antrag wurde abgelehnt.
2. Den Antrag hatte die Schülermitverwaltung gestellt.
3. Die Pausenzeiten für Schüler sollten verändert werden.
4. Die Schulleitung meint, dass sie, als sie abgelehnt habe, ihr Ermessen richtig ausgeübt habe.
5. Sie habe alle entsprechenden Vorschriften beachtet und gewürdigt.

Übung D 23
S.135

Ich musste den Antrag der Schülermitverwaltung, die Pausenzeiten zu verändern, ablehnen. Ich meine, dass ich alle entsprechenden Vorschriften bei dieser Entscheidung beachtet und gewürdigt habe. Damit habe ich meinen Ermessensspielraum richtig ausgeübt ...

Übung D 24
S.136

a) Als sie auf den Sechstausender aufstiegen, entdeckten die Bergsteiger frische Spuren einer anderen Expedition.
b) Obwohl sie die Umgebung genau mit Ferngläsern absuchten, konnten sie nicht entdecken, wo sich die Konkurrenten aufhielten.
c) Während sie hielten, rutschte der letzte Mann ab und gefährdete dadurch die Gruppe erheblich.
d) Nur das beherzte Handeln des Expeditionsleiters verhinderte, dass die gesamte Gruppe abstürzte.
e) Er vermied ein Unglück, weil er geistesgegenwärtig den Eispickel in eine Eisspalte einhakte ...
f) Alle Expeditionsmitglieder waren erschöpft, nachdem sie den Gipfel erreicht hatten.
g) Es machte sich in dieser gewaltigen Höhe bemerkbar, dass Sauerstoff fehlte.

D + E

h) Diese Tatsache wirkte sich in Form von Müdigkeit und Atemnot auf den menschlichen Organismus aus.

i) Obwohl sie die großen Anstrengungen spürten, wurden sie durch den freien Blick über die gewaltigen Gebirgsketten reichlich entschädigt.

j) Der Spaßvogel der Gruppe schwenkte die Vereinsfahne, als sie sich mittels Selbstauslöser fotografierten.

k) Als sie entdeckten, dass die andere Gruppe sich dem Gipfel näherte, bereitete das den Erstbesteigern nun keine Sorgen mehr.

l) Trotz der Wettkampfsituation begrüßten sich beide Gruppen freundschaftlich.

m) Schnell beschlossen sie, gemeinsam abzusteigen.

n) Weil sie sich gegenseitig hielten und an gefährlichen Stellen sicherten, gab es auf dem Weg zurück ins Tal keine Probleme mehr.

o) Doch nachdem sie im Zwischenlager angekommen waren, machten sich die Anstrengungen darin bemerkbar, dass alle völlig erschöpft waren.

Übung D 25
S. 137

Hier gibt es viele Möglichkeiten den Text besser zu gestalten. Günstig ist es, einzelne Aussagen in Einzelsätzen unterzubringen. Ein Text, der nur aus Satzgefügen besteht, kann eintönig wirken. Lies deinen Text einem anderen / einer anderen vor. Frage ihn/sie nach der Wirkung. Verbessere den Text dann gegebenenfalls.

Lösungen Teil E

Übung E 1
S. 139

Die unterstrichenen Prädikate sind:

1. ... muss einen Tadel erteilen ... : Nomen (Akk.) + Verb
2. ... muss tadeln ... : Verb

Übung E 2
S. 140

Verb und Verbalnomen (Akk.)	einfaches Verb
1. einen Tadel erteilen	tadeln
2. eine Störung verursachen	stören
3. einen Vorwurf machen	vorwerfen
4. einen Entschluss fassen	sich entschließen
5. eine Mitteilung machen	mitteilen

Übung E 3
S. 140

Folgende Funktionsverbgefüge könntest du gefunden haben:

zum Abschluss
zur Aufführung
zur Verteilung
zur Entfaltung
} bringen/kommen

Anregung
Versprechen
Erlaubnis
Einwilligung
} geben

Andeutungen
Ausführungen
Mitteilung
Angst
Freude
} machen

Einfaches Verb	Verb + Verbalnomen (Akk.)
1. meinen	die Meinung vertreten
2. behaupten	eine Behauptung aufstellen
3. beweisen	einen Beweis antreten
4. beitragen	einen Beitrag leisten
5. sich entschließen	einen Entschluss fassen
6. sich einigen	Einigung erzielen

Übung E 4
S.140

Verbindung aus Nomen und Verb	entsprechende Verben
1. Nachricht geben	benachrichtigen
2. Antrag stellen	beantragen
3. Auftrag geben	beauftragen
4. Absicht bekunden	beabsichtigen
5. Vollmacht geben	bevollmächtigen
6. Zweifel haben	bezweifeln
7. Dank sagen	bedanken

Alle Verben beginnen mit der Vorsilbe/dem Präfix *be-*.

Übung E 5
S.141

E

abgeleitete Verben	Verbindungen aus Nomen + Verb
1. beeindrucken	Eindruck machen, erwecken
2. beeinflussen	Einfluss haben, nehmen
3. beglückwünschen	Glück wünschen, Glückwünsche aussprechen
4. beurteilen	ein Urteil abgeben
5. beschließen	einen Beschluss fällen
6. bevorzugen	den Vorzug geben
7. bewerten	irgendetwas Wert beimessen/zusprechen

Übung E 6
S.142

1. Die gute Klassengemeinschaft und das positive Auftreten in der Jugendherberge haben auf die Herbergseltern Eindruck gemacht.
2. Das schöne und sonnige Wetter während dieser Zeit hat sicher auf die Stimmung aller Beteiligten Einfluss gehabt.
3. Auch Herr Löwenzahn hat der Klasse nach der Rückkehr für ihr vorbildliches Verhalten Glückwünsche ausgesprochen.
4. Die Schüler der 8d haben in ihren Schilderungen gegenüber ihren Eltern ebenfalls ein günstiges Urteil über die Fahrt abgegeben.
5. Für die Abschlussfahrt in zwei Jahren haben sie bereits den Beschluss für eine längere Reise gefällt.
6. Nach der augenblicklichen Meinung würde die Klasse einer Fahrt nach Berlin den Vorzug geben.
7. Auch bei Herrn Löwenzahn hat sich das Urteil gefestigt, dass man Klassenfahrten als einem wichtigen Bestandteil schulischer Erziehung Wert beimessen muss.

Übung E 7
S.143

a) Diese feste Verbindung wirkt gestelzt. Man kann auch sagen: geschraubt. Das gilt besonders für die gesprochene Sprache.

b) Unterstrichen soll sein: … ziehe in Erwägung …

c) Ich erwäge …

Übung E 8
S.144

	Übung E 9 S.145	**Präposition + Nomen + Verb**	**Verb**

Übung E 9
S. 145

Präposition + Nomen + Verb	Verb
1. in Zweifel ziehen	bezweifeln, anzweifeln
2. zur Sprache bringen	ansprechen, aussprechen
3. in die Brüche gehen	zerbrechen
4a. in Gefahr bringen	gefährden
4b. zur Diskussion stellen	diskutieren
5. sich zur Wehr setzen	sich wehren

Übung E 10
S. 145

1. Aylins Entschluss einem Turnverein beizutreten wird von Max nicht bezweifelt, wohl aber die Formulierung, mit der sie dieses Vorhaben ankündigt.
2. Max hat seinen Unmut über diese geschraubte Ausdrucksweise unmissverständlich ausgesprochen.
3. Auseinandersetzungen wie diese sind häufig Scheingefechte und lassen ihre Freundschaft nicht zerbrechen.
4. Bevor sie ihre Freundschaft ernsthaft gefährden, diskutieren sie Meinungsverschiedenheiten.
5. Beide verstehen es, sich bei ungerechtfertigten Angriffen mit geeigneten sprachlichen Mitteln zu wehren.

Übung E 11
S. 146

zur Abstimmung bringen ...

Übung E 12
S. 146

In den **a-Sätzen** eignen sich die Funktionsverbgefüge besonders dafür, ein **Vorhaben**, eine **Entwicklung,** einen **Prozess** oder ein **Geschehen** zu betonen.
Die einfachen Verben der **b-Sätze** *(schließen, abstimmen, stehen)* sind mehr so zu verstehen, dass etwas **im Moment** getan bzw. abgeschlossen wird. In 3b wird das **Ergebnis** eines Ereignisses ausgedrückt.

Übung E 13
S. 146

a) Das Prädikat lautet: *in Kenntnis setzen.*
b) Bedeutung: *jemanden über etwas unterrichten.*
c) Diese feste Verbindung lässt sich **nicht** in ein einfaches Verb (wie z.B. *kennen*) umwandeln wie in den Übungen oben.

Übung E 14
S. 147

1. ... *genommen.*	5. ... *gezogen worden.*
2. ... *gezogen.*	6. ... *gesetzt.*
3. ... *stellt ...*	7. ... *bringen.*
4. ... *gerät.*	

**Übung E 14
und E 15**
S. 147/148

Präposition + Nomen + Verb	Verben/Verbindungen
1. in Angriff nehmen	planen, bauen
2. in Betracht ziehen	einplanen
3. in Bewegung geraten	belebt werden
4. in die Wahl ziehen	auswählen
5. unter Druck setzen	bedrängen
6. zur Sprache bringen	erörtern, aufgreifen

Übung E 16
S. 148

Wenn dir etwas besonders gut gelungen ist, sende es doch an den mentor Verlag!